U0783505

餐饮服务与管理

职业教育高星级饭店运营与管理（酒店服务与管理）专业教学用书

主编　谢浩萍

华东师范大学出版社

上海

图书在版编目(CIP)数据

餐饮服务与管理/谢浩萍主编.—上海:华东师范大学
出版社,2014.7
ISBN 978 - 7 - 5675 - 2441 - 5

Ⅰ.①餐… Ⅱ.①谢… Ⅲ.①饮食业-商业服务-中
等专业学校-教材②饮食业-商业管理-中等专业学校-
教材 Ⅳ.①F719.3

中国版本图书馆 CIP 数据核字(2014)第 179741 号

餐饮服务与管理

职业教育高星级饭店运营与管理(酒店服务与管理)专业教学用书

主　　编　谢浩萍
责任编辑　蒋梦婷
装帧设计　徐颖超

出版发行　华东师范大学出版社
社　　址　上海市中山北路 3663 号　邮编 200062
网　　址　www.ecnupress.com.cn
电　　话　021 - 60821666　行政传真 021 - 62572105
客服电话　021 - 62865537　门市(邮购)电话 021 - 62869887
地　　址　上海市中山北路 3663 号华东师范大学校内先锋路口
网　　店　http://hdsdcbs.tmall.com

印 刷 者　上海景条印刷有限公司
开　　本　787×1092　16 开
印　　张　14
字　　数　304 千字
版　　次　2014 年 12 月第 1 版
印　　次　2021 年 7 月第 7 次
书　　号　ISBN 978 - 7 - 5675 - 2441 - 5/G・7562
定　　价　35.00 元

出 版 人　王 焰

(如发现本版图书有印订质量问题,请寄回本社客服中心调换或电话 021 - 62865537 联系)

Chubanshuoming 出版说明

本书是职业教育高星级饭店运营与管理(酒店服务与管理)专业教学用书。

本书以餐饮行业岗位需要为导向,以实际工作中涉及的内容为主线,合理安排教学内容,有机整合为 6 个模块。教材编写注重学生动手操作能力的培养,注重行业发展动态,紧密结合理论与实际,将餐饮知识与行业需求融为一体。

具体栏目设计如下:

任务描述:概括介绍任务内容。

任务目标:列出任务目标。

任务准备:从知识和物品两方面给出任务准备内容。

操作流程:简洁文字搭配真人图片,分步骤展示任务流程。

任务实训:为任务训练评价、打分。

知识链接:针对任务内容的拓展知识。

华东师范大学出版社

2014 年 11 月

餐饮服务与管理是职业学校饭店运营与管理专业的核心专业课程。本教材编写组在行业专家的指导下,以上海市教育委员会 2006 年制定的《上海市中等职业学校饭店服务与管理专业教学标准》为依据,围绕市级精品课程"餐饮服务与管理"的课程标准,以提升学生操作能力为主旨,以职业能力为基础,充分体现任务引领、能力导向的课程设计思路。

本教材以餐饮行业岗位需要为导向,以实际工作中所涉及的工作内容为主线,合理安排教学内容,有机整合为 6 个模块,涵盖劳动保障局餐厅服务员职业资格初、中级鉴定标准中的理论知识与基本技能,教材编写注重学生动手操作能力的培养,关注行业发展动态,紧密结合理论与实际,将餐饮知识与行业需求融为一体。符合中职学生的认知规律,利于学生加深对理论知识、技能的理解和综合能力的掌握。本教材严格遵循职教课改理念与思路,突出实践性教学环节,教材内容体现"新知识、新技术、新工艺、新方法"的要求,层次清晰,内容丰富,体现了如下特色:

第一,任务引领,构架"模块——项目——任务"三级阶梯。教材内容分为 6 大模块,详细描述了餐饮知识、餐前服务、接待服务、餐间服务、餐后服务的各项工作与任务,并通过最后的综合实践模块加以巩固。每个模块分解成若干项目,每个项目又细分为若干个任务,每个任务包含具体的操作流程和实训。

第二,理实结合,适应学生认识需求。本课程理论概念阐述简明扼要,便于掌握记忆,突出职业技能应用,步骤精要,方法实用。课程依托餐饮服务的实际操作过程,使学生运用所学知识与相关技能,参与餐前、餐间、餐后服务,加深对专业理论的认知和把握。此外,教材还引用了大量实用案例供学生阅读参考。

第三,多元融合,体现国际化发展需求。关注餐饮服务行业国际化发展趋势,发挥与法国马赛旅馆学校长期合作的优势,在餐饮服务基本操作中加入服务英语的学习,融入西式餐饮文化,在每个项目后增添了与餐饮相关的英语学习内容,提高学习要求,拓展学生视野,适应当代高星级酒店的用人需求。

第四,编排新颖,有力提升教材的直观性和实用性。本教材内容图文并茂,选用的照片均由学校师生和校企合作行业人员共同演示、摄制和剪辑处理。清晰直观的图例增强了学生对课程的感性认识,调动学生学习的积极性,提升学生综合职业能力,从思想和实践上逐步实现从学习者到工作者的角色转变。

本教材中参与示范的教师系曹杨职校谢浩萍老师与企业代表吴巳菲、黄苔莉。参与示范的学生系 2010 级酒店服务专业黄亚亚同学、2011 级酒店服务专业杨丽同学与 2012 级高星级饭店服务与管理专业李展同学。

本教材在编写过程中得到了学校领导和旅游服务专业部的大力支持,在学校 2011、

前言 Qianyan

2012 级酒店服务与管理专业进行试用,并结合课改实践、精品课程建设不断修订和提升教材质量;还要感谢在编写过程中给出诚恳意见与建议的上海师范大学李晓云老师、原锦江培训中心皮采老师和行业专家——喜达屋酒店集团人力资源总经理仲莹、原锦江饭店餐饮部经理陈美华和金外滩餐饮部经理范彩萍。因编者水平有限,难免存在不足之处,希望广大教师和行业专家提出宝贵意见,帮助我们完善本教材,谢谢!

本教材编写组

2014 年 11 月

Contents 目 录

目 录 Contents

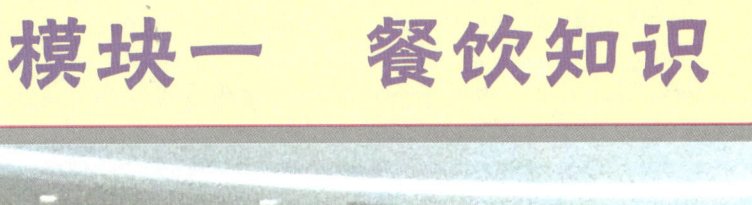

模块一　餐饮知识

模块学习目标

　　查找、分类、归纳资料，并以小组学习的方式整体了解餐饮发展的历史、餐饮部在饭店经营中的重要性和管理结构，以及餐饮部的生产、销售和服务特点。

知识一　走进餐饮

餐饮服务与管理

项目描述

民以食为天,经过千百年的传承,不同的餐饮文化展示出不同的文化品味,异彩纷呈。本项目主要介绍中、西方饮食文化的发展史,简要分析中、西方饮食的区别。

项目目标

通过学习餐饮文化的起缘与发展,初步了解中国餐饮文化和西方餐饮文化的发展历史,激发学生学习餐饮服务专业的兴趣。

一、中国餐饮发展史

中国的饮食文化既讲究菜肴的色相味形,也注重用餐氛围的情趣;既传承中华民族的饮食风俗和传统,也包含了中华民族传统用餐礼仪。

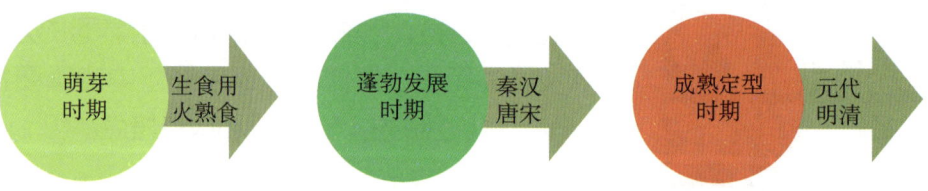

萌芽时期　生食用火熟食　蓬勃发展时期　秦汉唐宋　成熟定型时期　元代明清

1. 萌芽时期

饮食的发展经历了由简到繁、由粗到细的发展进程。从茹毛饮血到懂得用火,从此开启了真正意义上的烹饪。

2. 蓬勃发展时期

归功于汉代中西(西域)饮食文化的交流,引入了丰富的食材,如:芝麻、胡萝卜、茴香、芹菜、大蒜等,豆腐也是在这个时期发明的,到唐宋时由于交通发展迅速,各处通商大邑都设有"客舍"与"亭驿",餐饮服务行业的雏形初现。

3. 成熟定型时期

元代由于战乱,民族饮食文化进行了大交流,蒙、回、女真等各族菜肴出现在同一食谱上,丰富了中国的传统饮食;明清时期,中国的政治、经济和文化有极大变化,满族入鼎中原,满汉全席代表了清代饮食文化的最高水平。

二、世界餐饮发展史

西方餐饮发展历史表

公元前 3500—525	古埃及文明、古希腊文明促进了饮食发展，当时就出现了现代餐饮服务当中的报菜名服务
16、17 世纪以后	意大利成为文艺复兴运动的中心，客栈经营者开始讲究精致烹调，开始使用较好的餐具招徕顾客
18 世纪前后	法国成为欧洲政治、经济、文化中心，法式烹饪以精巧细腻著称，被誉为世界"美食之国"
18 世纪末期	在英国工业革命的影响下，餐饮业迅速发展，餐饮业者为迎合顾客需求，开始提供桌边服务

三、中西方饮食的区别

中西文化之间的差异造就了中西饮食文化的差异，而这种差异来自中西方不同的思维方式和处世哲学。中国人注重"天人合一"，西方人注重"以人为本"。中西方饮食的差异主要存在以下三方面：

1. 选择食材的不同

比起西方饮食，中国饮食在食材选择上显出更大的丰富性和随意性。

2. 饮食方式的不同

中餐宴席用圆桌，从形式上营造一种团结、礼貌的气氛，体现了中餐的"聚"餐制。西式宴会的核心在于交际，通过与邻座客人的交谈，达到交际的目的，体现了西餐的"分"餐制。

3. 饮食观念的不同

中国饮食注重"味"。我们的很多传统食品都要经过热油炸和长时间的文火炖煮，使菜肴的许多营养成分损失在烹饪过程中。西方饮食则秉持一种理性饮食观念。不论食物的色、香、味、形如何，一定要保证充足的营养。

【任务拓展】

下列三张图分别描述了中国餐饮发展的不同时期，请按时间顺序排列，并说出图片表达的内容。

1   2   3

排序：_____   _____   _____

知识二 走进餐饮部

项目描述

在我国旅游酒店中,餐饮部收入约占总收入的40%~50%左右,是酒店获得经济效益的重要部门之一。本项目通过活动介绍了餐饮部的经营、销售等特点和管理的结构。

项目目标

作为一名未来餐饮服务行业的员工,通过本项目的学习,能认识和熟悉餐饮部,使自己的工作更好地配合其他餐饮部岗位,实现整个工作团队的和谐、高效能运转。

一、餐饮部的重要性

1. 餐饮部是现代旅游饭店的重要组成部分

餐饮部所管辖的范围包括各类餐厅、酒吧等传统的经营场所,是客人在饭店进行商务交际和私人交友的活动中心。

2. 餐饮服务直接影响饭店声誉

餐饮服务的优劣不仅直接关系到饭店的声誉和形象,而且直接影响饭店的客源和经济效益。

3. 餐饮部为饭店创造可观的经济效益

餐饮部是饭店重要的盈利部门之一,我国一般旅游饭店的餐饮收入占饭店总收入的40%~50%。

4. 餐饮部的工种多,用工量大

餐饮部的多工种和用工量大的特点为社会创造了众多就业机会,是个劳动密集型产业部门。

二、餐饮部的经营特点

1. 餐饮部生产的特点

(1) 餐饮产品规格多,批量小

一般来说饭店提供的餐饮产品品种多。但客人在购买时选择的品种较少,数量较小,且大多数产品不能批量生产。

(2) 餐饮生产过程时间短

就餐者从点菜到消费结束之间的间隔时间相当短,一般只有一两个小时,一道菜品的制作通常只需几分钟或十几分钟。

(3) 餐饮产量难以预测

客人的需求很难准确预估,生产的随机性很强,产量很难提前预测。但不同类型的酒店根据其客源市场的消费特点,还是有规律可循的。

(4) 餐饮原料、产品容易变质

餐饮生产所用的原料大多数都是鲜活原料,在原材料的保管、加工过程中也容易造成营养成分的流失,影响菜品的质量。

(5) 餐饮生产过程的管理难度较大

餐饮产品从生产到出售,环节多、管理难度大,任何一个环节出现问题都会影响到产品的质量和企业的效益。

(6) 产品质量的好坏以顾客适口为准

餐饮产品的好坏没有一个统一的标准,消费者才是菜肴质量的评判者,而对于顾客而言,好吃就是硬道理。

2. 餐饮部经营的特点

(1) 销售量受餐饮经营空间大小的限制

餐厅面积及餐位数是相对固定的,销售量受经营活动场所的限制。餐饮部可采取积极措施提高座位的利用率、周转率及人均消费,以提高餐饮部的经济效益。

(2) 销售量受到就餐时间的限制

一般顾客一日三餐的进餐时间相同,可通过增加服务项目、延长营业时间等方法提高餐饮部的销售量,增加收入。

(3) 毛利率高,资金周转较快

星级酒店的毛利率一般在 50%～60% 之间,相当部分收入是现金,且很大一部分原料是当天采购、当天生产并销售的,因此资金周转较快。

(4) 固定成本占有一定比重,变动费用的比例较大

餐饮营业场所中所需要的固定资金较高,如:各种厨房设备、餐具、酒具等,此外,劳动力成本及水、电、气等费用也较高,所以各项费用支出的总成本也很高。

3. 餐饮部的服务特点

(1) 无形性

餐饮服务的好坏只能凭借客人对就餐过程中服务员所提供的服务的感觉来衡量。

(2) 一次性

餐饮服务只能当场使用,当场享受。

(3) 同步性

餐饮产品的生产、销售、消费是同步进行的,生产服务过程同时也是客人的消费过程。

(4) 差异性

餐饮服务会因不同的客人、不同的服务员、不同的场合、不同的时间以及客人的不同情绪状态而形成服务感受的差异。

(5) 主观性

由于消费者的价值观、审美观、性格特点、生活禁忌、饮食需求存在较大差异,每个消费者对服务的评价标准也各不相同。

三、餐饮部的组织结构

餐饮部的组织结构受企业规模、接待能力、餐厅类型等因素的影响,一般主要有以下几种模式:

1. 小型餐厅的简单模式

大部分小型的餐厅都会采取简单结构模式,其特点是组织结构图扁平化(见图1-1),决策权集中在一个人手里,并且作决策时大都以口头形式传达。

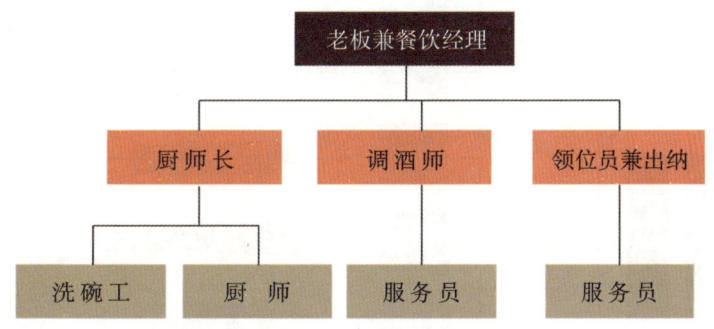

图 1-1　小型餐厅的组织结构图

2. 中型餐厅的复杂模式

中型餐厅一般规模比较大,可容纳 300～500 人同时就餐。因此厨房与餐厅的内部分工比较精细,餐饮部的组织结构相对复杂,其结构模式可参见图1-2。

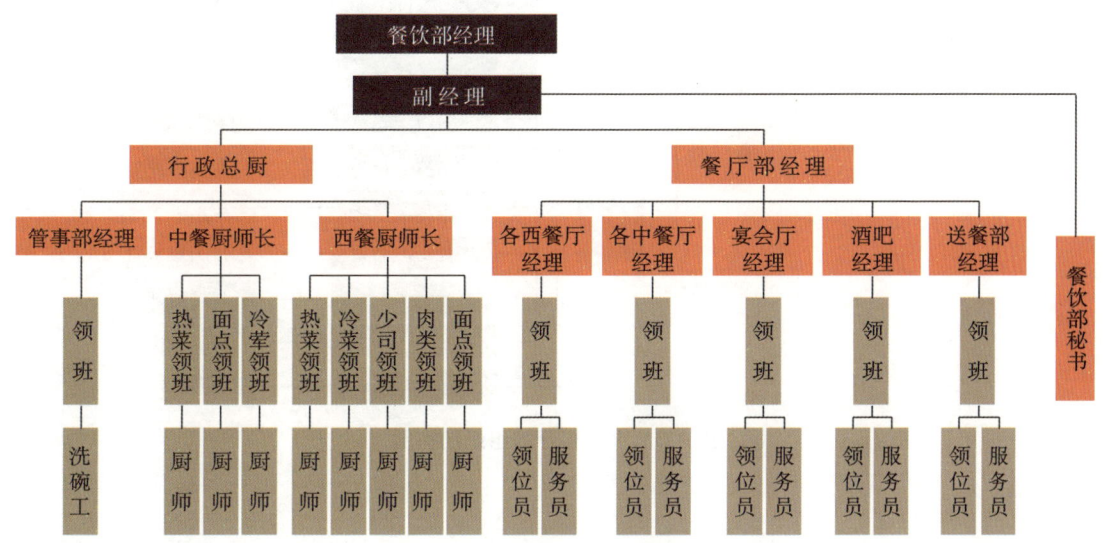

图 1-2　中型餐厅的组织结构图

3. 大型餐厅的专业化模式

这种餐厅若属于大型综合性酒店,可有 5～8 个左右的餐厅,甚至可达十几个餐厅。中西餐厅、宴会厅、酒吧、客房送餐部等各类餐厅齐全。厨房与各种类型的餐厅配套,内部分工十分精细,组织结构专业化程度高,具体模式可参见图 1-3。

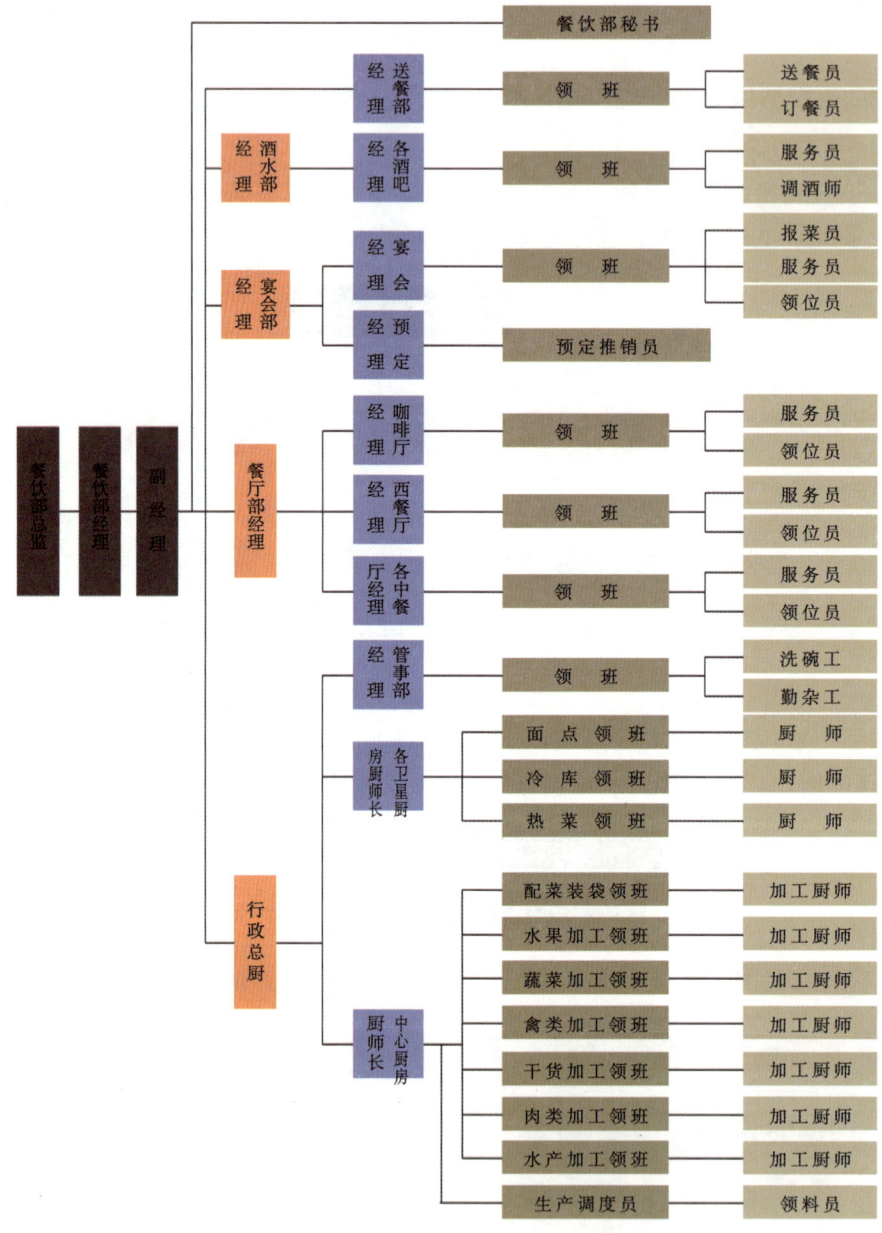

图 1-3　大型餐厅的组织结构图

知识链接

餐饮部经理工作职责
◇ 安排领班及员工的班次,督导领班的日常工作,确保餐厅各环节的衔接;
◇ 执行本餐厅工作月计划及月总结;
◇ 与客人之间保持良好关系,协助营业推广工作,并及时反映客人的意见;

◇ 为厨师长提供菜单设计的参考建议；

◇ 成本控制，监督领班每月底的盘点；

◇ 与员工保持良好的沟通，做好员工的思想工作；

◇ 每月督导检查领班的考勤、信息的收集和客服档案的补充；

◇ 负责 VIP 客人的服务工作；

◇ 拟定本班组的服务标准及工作程序；

◇ 负责员工的岗前培训，并对学习期满的新员工进行评估。

餐饮部领班工作职责

◇ 安排员工的班次，督导普通员工的日常工作；

◇ 主持班前会，检查员工的仪容仪表；

◇ 检查餐前卫生及餐厅的准备工作；

◇ 检查餐厅常用物料准备是否充足，有无过期的物料；

◇ 做好餐中辅导，保存记录；

◇ 处理客人投诉，缓和不愉快的局面；

◇ 掌握本班组员工的出勤情况和日常工作表现，定期向餐饮部经理汇报；

◇ 确保餐厅设备设施的完好，做好检修、报修、验收工作；

◇ 负责组织每月月底餐具、布草等物资的盘点工作。

【任务拓展】

一天的忙碌工作终于结束了，5 月 8 日这天，宴会厅要承办 50 桌婚宴，宴会厅的领班 Candy 向你所在的中餐厅借了 15 张圆台、150 张椅子、30 块桌布、20 套餐具。另外，今天上午送出要清洗的桌布（尺寸：390×390）10 块、桌布（尺寸：235×235）30 块、白色餐巾 250 块，下午送出红色餐巾 100 块和面巾 500 块。

虽然有点疲倦，但作为餐厅的管理者还是要填写完成每日的工作记录，请根据一天的餐厅运营情况，填写下列工作单。在填写工作单之前，先想一想，这些工作单体现出了管理者的哪些工作职责？

物品借出记录单

物品名称及数量	所借部门	借用日期	借用人	经手人	备注	归还日期	经手人

Daily Linen Record Book 布草每日记录本

Time/Date 时间/日期_____   Approved By 检查人：_____

Items	早晨送出数	签名	下午送出数	签名
390×390				
350×350				
300×300				
235×235				
205×205				
Napkin White 白色餐巾				
Napkin Red 红色餐巾				
Face Towel 面巾				

Notes 注意事项
1. Alter is regarded as invaild 所有涂改视无效
2. All calligraph must be adopted round hand 书写全部采用正体楷书
3. Please cross the blank space to avoid changing without permisson 请划去空白处以避免私自更改

知识三 认识餐饮的基本元素

项目描述

你是五星级酒店餐饮部的一名实习服务生,面对酒店富丽堂皇的工作环境,你充满了期待,对即将工作的岗位抱有好奇。

餐饮部经理带领新入职的你走进餐厅,进行职前培训。

项目目标

通过培训活动,能认识餐饮服务的基本要素,熟知餐饮服务的流程和基本技能。

一、餐饮的相关概念

1. 餐厅

餐厅是通过出售服务、菜点、饮品来满足客人饮食需要的场所。它必须具备下列三项条件:

① 具有一定场所;

② 能够为客人提供菜点、饮品和服务;

③ 以营利为目的。

2. 餐饮服务

餐饮服务是指餐厅服务员会设身处地地站在顾客的立场上来设想,了解顾客的想法和需求,并能及时满足顾客需求。餐饮服务可以分为有形服务和无形服务两种。

二、餐饮服务的基本流程与职业技能要求

餐饮服务流程	需要掌握的技能
餐前服务	托盘
	餐巾折花
	中西餐摆台
接待服务	礼仪接待
	点菜服务

餐饮服务流程	需要掌握的技能
餐间服务	上菜服务
	斟酒服务
	结账送客服务
餐后服务	清理餐台、餐具清洁
全程服务 需要具备的综合能力	餐饮服务专业英语
	中外餐饮文化知识
	点菜配餐营养知识

　　走近了餐饮服务,了解了成为优秀的高星级酒店餐厅服务人员需要具备的职业能力,下面就和我们一起步入下一模块的学习,继续走进餐饮服务吧!

【任务拓展】

　　结合课堂所学,课外选择一家餐厅做市场调查,并完成下表,通过调查的数据分析这家餐厅的哪些因素对它的上座率有直接影响。

餐厅名称	
餐厅类型	
餐厅座位数	
餐厅环境	
菜品质量	
餐厅的服务特色	
餐厅上座率	

模块二　餐前服务

模块学习目标

　　餐饮服务是向消费者提供食品和消费场所及设施的服务。餐饮服务人员必须有娴熟的服务技能和丰富的服务知识，才能将美食和优质的服务结合起来，让客人在物质和精神上获得双重满足。

　　本模块中，我们将要学习餐前服务的技能，餐前的服务技能主要有：托盘、餐巾折花、斟酒、摆台与收台、上菜和分菜。

项目一　托盘

餐饮服务与管理

> **项目描述**
>
> 　　在餐饮服务中,为了卫生和服务方便,在餐前、席间、餐后等各个服务环节中都需要使用托盘。托盘服务是餐饮服务人员必须掌握的技能,该服务既能体现服务操作的规范性,又能提升服务的观赏价值。
>
> **项目目标**
>
> 　　学习掌握托盘的使用技巧,通过实训练习达到灵活使用托盘托送各类物品的能力。

任务一　托盘的姿势

【任务描述】

通过教师示范教学,帮助学生认识托盘的种类,并让学生掌握托盘的姿势和基本流程。

【任务目标】

使学生能够掌握正确的托盘姿势,并了解托盘的六个步骤。

【任务准备】

1. 知识准备

(1) 认识托盘

托盘是用来托送物品的平台,灵活运用托盘能减少服务员来回走动的次数,提高工作效率。

(2) 托盘分类

分类依据	分类	图示	分类依据	分类	图示
按形状分为四类	圆形		按规格分为三类	大号 45 cm~ 55 cm	
	长方形			中号 35 cm~ 40 cm	

分类依据	分类	图示	分类依据	分类	图示
	正方形			小号 30 cm 以 下	
	异形				

　　餐厅席间服务常用的托盘直径为 35 cm～40 cm。大号方盘和中号方盘多用于装运菜点、酒水,收运餐具和盆、碟等重的器具。小号方盘和大、中号圆盘一般用于摆台、斟酒、上菜、上饮料等。小号圆盘和 6 寸小银盘主要用于送账单、收款、递信件等小物品。

　　物品重量在 5 千克以内的,适宜采用轻托方式,多用中、小型托盘;物品重量在 5 千克以上,则适宜用重托方式。

2. 物品准备

　　准备好常用托盘,以及工作落台。

【操作流程】

序号	动作要点	图示
1	两肩平行,用左手托盘	

模块二　餐前服务

序号	动作要点	图示
2	左上臂垂直于地面，下臂向前抬起与地面平行，上臂与下臂垂直呈90°	
3	左手掌掌心朝上，五指张开，指实而掌心虚。大拇指指端到手掌的掌根部位和其余四根托住盘底，手掌自然形成凹形，掌心不与盘底接触	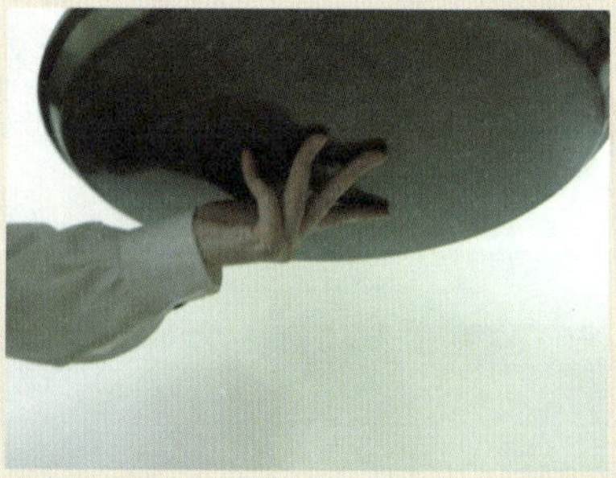
4	左手肘离腰部约15厘米	

序号	动作要点	图示
5	右手自然下垂或放于背后	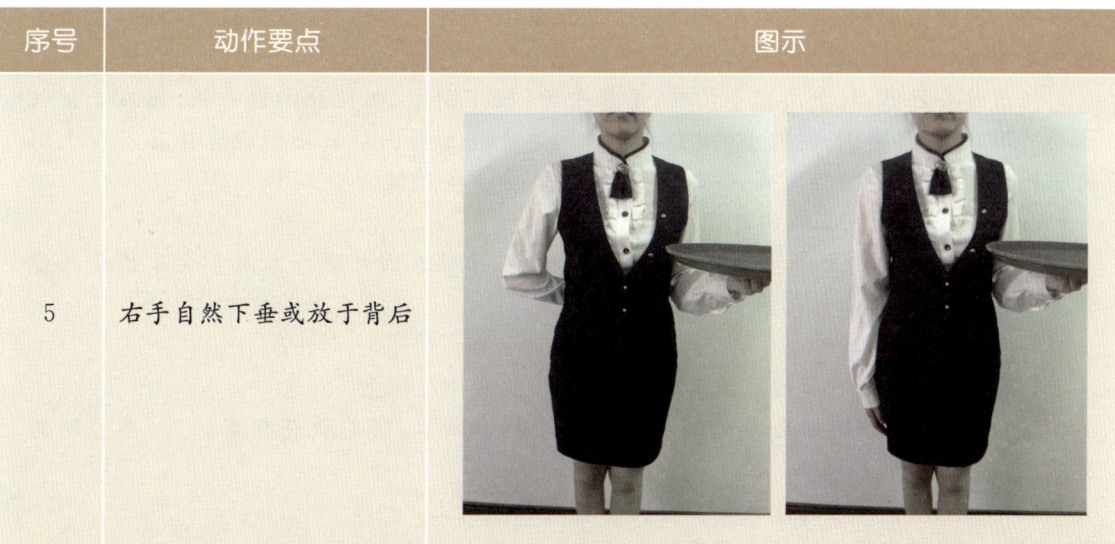

注意：手肘不要贴在腰上；大拇指根部一定要接触盘底；手臂不要过高或过低；用指尖轻轻支撑盘底，不要用指肚使力

【任务实训】

托盘姿势操作训练：能够使用规范的手势托住托盘，按照下面的表格评价、打分。

序号	评价要素	配分	得分
1	两肩平行，用左手托盘	20	
2	左上臂垂直于地面，下臂向前抬起与地面平行，上臂与下臂垂直呈90°	20	
3	左手掌掌心朝上，五指张开，指实而掌心虚。大拇指指端到手掌的掌根部位和其余四根托住盘底，手掌自然形成凹形，掌心不与盘底接触	40	
4	左手肘离腰部约15厘米	10	
5	右手自然下垂或放于背后	10	
	合计	100	

知识链接

　　1. 为什么要用左手托盘？

　　由于大多数的门皆朝右开启，需要用右手推开，因此通常用左手托运。门开启后可能

模块二　餐前服务

会很快地反弹回来,若是以左手托盘易于发现且右手可用于阻拦,当抵服务台时,空余的右手在必要时亦可清理服务台,以便放下托盘。

托盘时要注意:托盘用左手托取,手掌平伸,拇指向左,四指分向前平托;用右手护住盘的右缘,并保持平衡;持较重的托盘行走时,左手指可转向后把托盘边缘托在肩膀上以持平稳;走动时以左行为原则,耳眼反应要灵敏,脚步要稳健。

2. 为什么要使用正确的托盘姿势?

不正确的托盘方法会令肩部肌肉及臂部抽筋、曲膝。因此服务人员学会了用手托盘的正确方法,在餐厅工作起来会运用自如且安全。

3. 托盘的注意事项:

(1) 托盘是服务人员的第三只手,送取物品最好使用托盘。

(2) 托盘不使用时服务员必须按照餐厅的标准要求,将其放在指定位置,不可随意放置。

(3) 不允许将托盘随意放置在宾客的餐桌和座椅上。

(4) 时时刻刻要保持托盘的清洁卫生。

任务二　托盘的清理与理盘

【任务描述】

托盘的清理是托盘服务的第一步,规范的理盘能够更加稳妥地用托盘搬物,通过教师示范教学,让学生掌握托盘的清理与理盘的主要规则和方法。

【任务目标】

通过本任务的知识、技能学习和任务实训,使学生能够准确地完成托盘清理与理盘的操作。

【任务准备】

1. 知识准备

(1) 理盘

根据所托物品选择好托盘,将托盘内外清理擦拭干净,非防滑托盘,如:金属和胶木托盘需在盘内垫上干净的餐巾或专用托盘垫布,目的是阻隔热量传递和防止物品在盘中滑动。

(2) 装盘

根据物品的形状、体积和使用的先后顺序合理装盘。装盘的原则是将较高的物品放于托盘的中心部位,摆放分布得当、均匀,以保持重心平衡。这样装盘既安全稳妥也便于端托。

(3) 起托

起托也叫起盘,在一般的桌台面上装盘后,左脚迈前半步,上身前倾,弯膝不弯腰,用右手将托盘拉出台面的三分之一,脚分开先后站立,左手托住盘底,掌心位于底部中间,右手协助将托盘托起。

(4) 行走

① 常步:常规步伐。端托一般物品时,可选用常规步伐行走。

② 疾步:也称快步。指端送火候菜肴或急需物品时,应选用较快的步伐,但快步不同于跑步,而是要求在稳中求快。在保证菜不变形、汤汁不洒、安全平稳的前提下,以最快的行走速度将物品托送到位。

③ 碎步:小步幅的中速行走。这种步伐适用于端送汤汁多的菜肴及重托物品。采用这种步伐行走,可保持上身平稳并减少手臂的过大摆动,从而保持所托物品的平稳。

④ 垫步:又称辅助步。如端送物品到餐台前欲将所托物品放于餐台上时,应采用垫步。这种步伐,能使身体呈略向前倾的姿势,以便平稳地将物品放下。

⑤ 巧步:技巧步,指超出常规行走的灵活多变的步伐。在端托行走时,如突然遇到意外或障碍时,就要用巧步,以避免意外事故的发生。

(5) 落托

左脚向前迈进半步,直腰屈膝下蹲,使托盘与桌面相平,托盘的边缘搭在桌面上,注意不要让多余的垫布卷堆在托盘下面。

(6) 卸盘

把托盘平稳地放在工作台上,安全取出物品,卸盘时,由于盘中物件减少,重心发生转移,所以要随时移动托盘在左手上的重心点,使左手托盘保持平衡。注意不能用力过猛,先将托盘前端三分之一放在台面上,再将整个托盘推进去放好,这个动作刚好与起盘相反。

2. 物品准备

准备好常用托盘(直径 35～40 cm),以及工作落台。

【操作流程】

序号	动作要点	图示
1	理盘、擦拭托盘	

续 表

序号	动作要点	图示
2	放入垫布、装盘	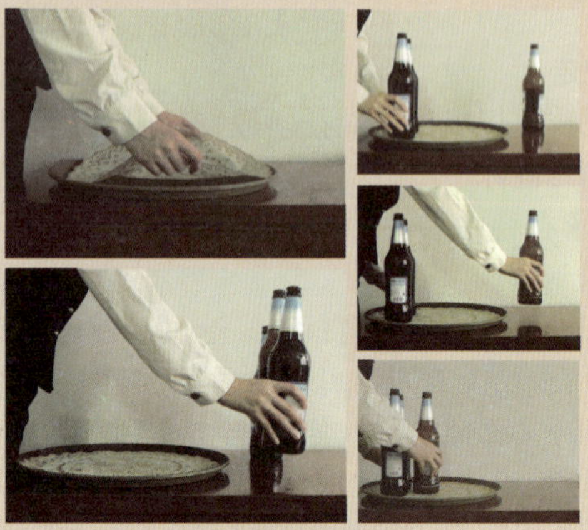
3	起托	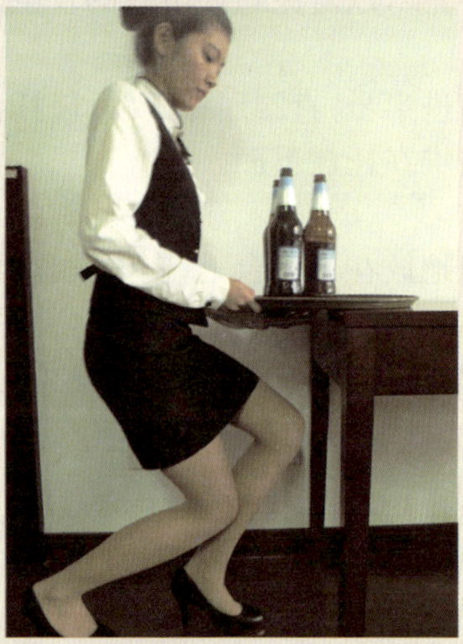
4	行走	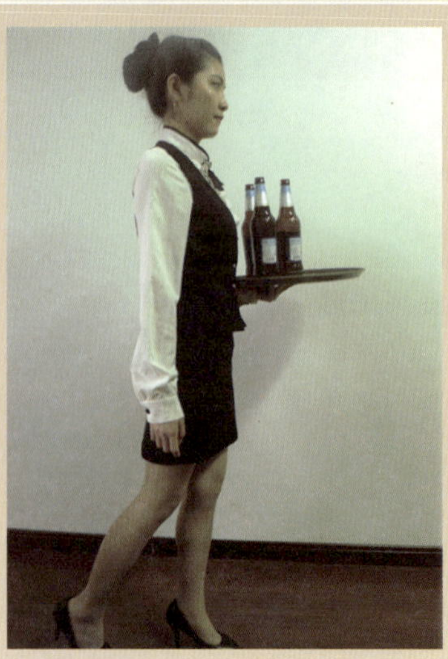

序号	动作要点	图示
5	落托	
6	卸盘	

【任务拓展】

练习托盘的清理与理盘，并站立五分钟。

序号	动作要点	图示
1	理盘	擦拭托盘　　　放入垫布

序号	动作要点	图示
2	装盘	 装盘1　　装盘2 装盘3　　装盘4

托盘练习自查表

检查环节	操作要求
理盘	
装盘	
起托	
手势	
落托	
卸盘	

【任务实训】

　　根据操作流程和教师示范分组进行托盘清理与理盘的任务实训操作,按照下面的表格进行评价打分。

序号	评价要素	配分	得分
1	理盘:① 选择合适的托盘; 　　　② 用干净的抹布清洁托盘正、反面	30	

餐饮服务与管理

序号	评价要素	配分	得分
2	装盘:① 托盘卫生; ② 物品的商标、图案朝外; ③ 重高物品在里,轻低物品在外; ④ 重心居中	30	
3	托盘姿势:① 肩平头正; ② 盘不搁肘; ③ 盘不贴腹; ④ 掌心不接触盘底	40	
	合计	100	

任务三　托盘的臂力训练

【任务描述】

托盘臂力的大小决定了能否轻松地使用托盘为客人提供服务,教师通过托砖、托瓶站立、托瓶行走等训练,逐步提升学生的托盘臂力。

【任务目标】

通过本任务的知识、技能学习和任务实训,使学生能够准确地完成托砖、托瓶站立、托瓶行走的操作。

【任务准备】

1. 知识准备

(1) 托砖站立训练

- 操作流程:理盘→装盘→起盘→落盘→卸盘。
- 训练要点:掌握扁平型物品的理盘、装盘。

(2) 托瓶站立训练

- 操作流程:理盘→装盘→起盘→走盘→落盘。
- 训练要点:掌握细长型物品的理盘、装盘。

(3) 托瓶行走训练

- 操作流程:理盘→装盘→起托→行走→落托。
- 训练要点:掌握托盘行走的要点。

2. 物品准备

① 托砖训练:每名学生选择常用圆形托盘、砖头 2 块。

② 托瓶站立训练：每名学生选择常用圆形托盘、可乐瓶或啤酒瓶 2～4 瓶。

③ 托瓶行走训练：每名学生选择常用圆形托盘、啤酒瓶 3～4 瓶。

【操作流程】

序号	操作要点	操作切忌
1	理盘：选择合适的托盘； 用干净的抹布清洁托盘正、反面	选用肮脏油腻的托盘； 选用没有做好防滑措施的托盘
2	装盘：保持托盘卫生； 物品的商标、图案朝外； 重高物品在里，轻低物品在外； 保持重心居中	装盘重心不稳
3	托盘姿势：肩平头正； 盘不搁肘； 盘不贴腹； 掌心不接触盘底	 **错误手势："大饼托"** **错误手势："鸡爪托"**
4	行走姿势：肩平头正，挺胸； 步伐稳健； 平视前方； 步速、步幅合适	 **错误行走姿势：大步奔跑** **错误行走姿势：低头盯住托盘**

序号	操作要点	操作切忌
5	托盘平稳：盘内物品不碰撞； 　　　　盘不倾斜； 　　　　盘内物品不摇晃	打翻托盘
6	卸盘：安全； 　　　卸物时手法卫生； 　　　卸物时声音轻； 　　　卸下物品摆放整齐	 卸盘顺序错误

【任务实训】

根据操作流程和教师示范分组进行托砖站立与行走、托 3 瓶酒瓶的站立与行走实训操作，按照下表评价、打分。

序号	评价要素	配分	得分
1	理盘： ① 选择合适的托盘； ② 用干净的抹布清洁托盘正、反面	10	
2	装盘： ① 托盘卫生；　　　　② 商标、图案朝外； ③ 重高在里，轻低在外；④ 重心居中	10	
3	托盘姿势： ① 肩平头正；　　　② 盘不搁肘； ③ 盘不贴腹；　　　④ 掌心不接触盘底	20	
4	行走姿势： ① 肩平头正，挺胸；② 步伐稳健； ③ 平视前方；　　　④ 步速、步幅合适	20	
5	托盘平稳： ① 盘内物品不碰撞；② 盘不倾斜； ③ 盘内物品不摇晃；④ 盘内物品不外泄	20	
6	卸盘： ① 安全；　　　　　② 卸物时手法卫生； ③ 卸物时声音轻；　④ 卸下物品摆放整齐	20	
合计	操作时间：4 分钟	100	

【任务拓展】

请同学在课外进行托盘臂力训练,可以利用家中的脸盆等类似物品练习端托,加强臂力的训练,为今后的实训打好基础。

知识链接

托盘的重托

重托又称肩上托,此法多用大型托盘。重托的动作要领如下所示:

① 双手将托盘移至服务台的边沿处,使托盘的一边悬空,右手将托盘扶平。

② 左手伸入托盘底部,五指分开,掌心向上伸平,用掌心和五指托住盘底部的中心(实托)。

③ 上身前倾,双脚分开,呈外八字形,双腿屈膝下蹲呈骑马蹲裆式,腰部略向左前方弯曲,左手臂呈轻托起托状。

④ 起托时,在左手确定好端托重心后,右手协助左手向上用力将托盘慢慢托起。在托起的同时向左后方(逆时针方向)旋转托盘90度角,使托盘在左旋转过程中送至左肩外上方,手指指尖向后伸,左手指尖向后距肩2 cm处。

⑤ 左手托实、托稳后,再将右手撤回呈下垂姿势。

⑥ 托盘一旦托起上肩,手臂要始终保持均匀用力,如果用力不匀,容易造成所托物品撒、掉、滑动等现象。

⑦ 重托托盘托举上肩后,手指指尖向前伸或向左伸均属于端托不到位,会使手臂承重力不够,容易造成端托失败。

⑧ 要做到盘前不靠嘴,盘后不靠发,盘底不搁肩,托盘要与头部、与头发保持2 cm～3 cm的距离。

任务四　托盘的下蹲换物训练

【任务描述】

托盘下蹲换物是托盘基础技能训练中的最后一个阶段,通过托盘下蹲、托盘下蹲换瓶、托盘下蹲换物等系列训练,逐步提升学生托盘服务的技能。

【任务目标】

通过本任务的知识、技能学习和任务实训,使学生能够准确地完成托盘下蹲换瓶、换物的操作。

【任务准备】

1. 知识准备

服务人员在托盘过程中弯腰拾物是不合适的。正确的做法是上体保持托盘姿势,双腿采用交叉式或高低式蹲姿进行捡拾物品。值得注意的是无论采用哪种下蹲方式，左脚均在前，这样才不会被托盘挡住视线，看不到掉在地上的物品。

交叉式蹲姿　　　　　　　　　高低式蹲姿

2. 物品准备

选择常用圆形托盘、啤酒瓶、其他备用小物品等。

【操作流程】

序号	操作要点	图示
1	站立于地面所换酒瓶的左侧，右脚后退半步，上身挺直	
2	屈膝蹲下，保持手上托盘平衡	

序号	操作要点	图示
3	按卸盘顺序——取下盘内酒瓶放在地上,并逐一将地上酒瓶按装盘顺序放回盘内	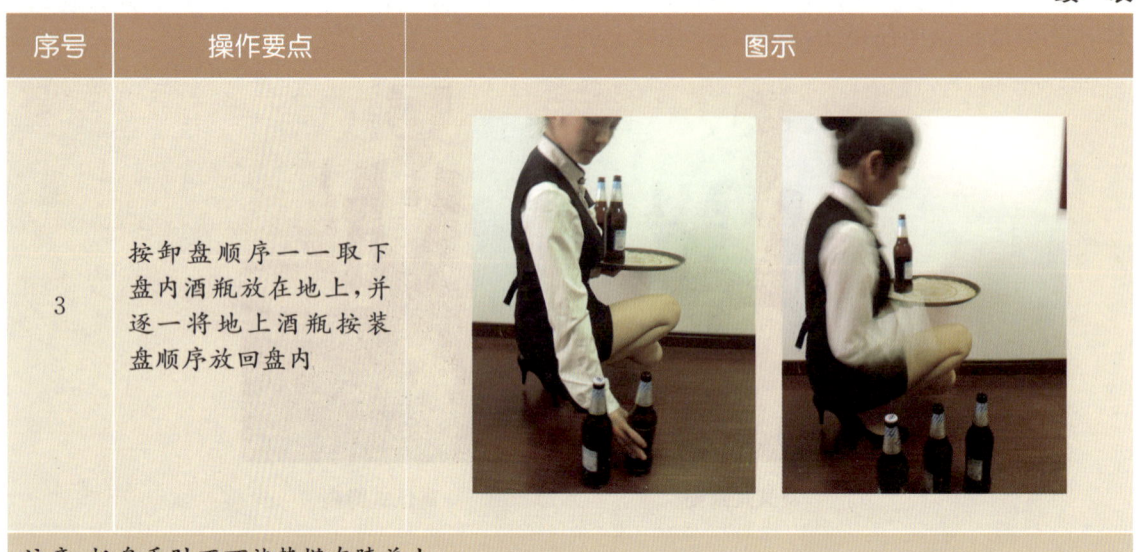

注意:托盘手肘不可就势搭在膝盖上。

【任务实训】

　　根据操作流程和教师示范,分组进行托盘下蹲换瓶的任务实训操作,按照下表的评价要素进行打分。

序号	评价要素	标准分	得分
1	理盘	10	
2	起盘	10	
3	托盘手势	10	
4	下蹲姿势	10	
5	物品不倒	10	
6	微笑服务	10	
7	无碰撞声	10	
8	换瓶姿态	10	
9	起身姿势	10	
10	落盘	10	
11	动作自然	10	
	合计	110	

【任务拓展】

　　托盘换物(拾取物品)练习:在实际工作中,托盘为客人服务时经常会遇到客人物品,如:手机、钥匙等落地的情况,需要综合运用托盘换瓶的技能—手托盘、一手为客人捡拾落地物品。学生在课外要多加练习。

知识链接

1. 托盘基础技能序列

2. 托盘的甩盘技巧

甩盘这个动作是在使用托盘为客人撤换餐具时用得最多的一个动作,目的是为了避免托盘碰到客人的头部。

动作要领:伸出右脚踩在两个椅子之间,移动重心到右脚,同时以手肘为轴心将托盘由胸前平行移动至胸左侧,用右手去拿餐桌上的物件。做这个动作时,要求服务员保持左手托盘的平衡,特别是托盘上的物件较高而重心不稳时或盛器内有汤汁时。如果不扎实练好基本功,再加上操作时不谨慎很有可能会造成重大失误。

项目二　餐巾折花

项目描述

　　餐巾折花是餐饮服务中富有美感与创造力的重要环节，它既是一种独立的技能，又是摆台等其他技能表现的一部分。它可以装饰美化餐台，烘托就餐气氛。

　　本项目主要介绍了餐巾折花的七种技法和三类花型。

项目目标

　　通过学习餐巾折花，充分认识餐巾花的作用和餐巾花的发展历程，掌握多种餐巾折法，美化餐桌。

任务一　餐巾折花的主要技法

【任务描述】

　　餐巾折花的主要技法有叠、折、卷、翻、捏、穿、拉。根据这七种主要技法就可以折叠出烘托餐席主题、寓意美好的各种造型的餐巾花型。本任务主要教会学生这些主要技法。

【任务目标】

　　通过完成此任务，使学生能使用7种技法完成简单的餐巾花折叠操作。

【任务准备】

1. 知识准备

（1）餐巾

　　餐巾，又名口布、茶巾、席巾等，是餐厅经营中供宾客用餐时专用的卫生清洁用品，折成各种花型后，成为餐台布置中的艺术装饰品。

（2）餐巾花的分类

① 按折叠方法和摆设工具分为盘花、杯花和环花。

兔耳仙客（盘花）

风中落叶（杯花）

海底鱿鱼（环花）

餐饮服务与管理

② 按餐巾造型的外观分为动物类、植物类和实物类。

天使之翼(动物类)

高贵马蹄莲(植物类)

蜡烛(实物类)

(3) 餐巾折花的作用

● 餐巾是餐饮服务中的一种卫生用品。

宾客用餐时,餐厅服务员将餐巾放在宾客的膝上或胸前,餐巾可用来擦嘴或防止汤汁、酒水弄脏衣物。

● 餐巾可以装饰美化餐台。

不同的餐巾花形,蕴含着不同的宴会主题。形状各异的餐巾花摆放在餐台上,即美化了餐台,又增添了庄重热烈的气氛,给人以美的享受。

● 餐巾花型可以烘托就餐气氛。

如:用餐巾折成喜鹊、和平鸽等花型表示欢快、和平、友好之意,给人以诚悦之感。如:折出比翼齐飞、心心相印的花型送给一对新人,可以表达永结同心、百年好合的美好祝愿。

● 餐巾花型的摆放可标出主宾的席位。

在折餐巾花时应为主宾席位选择不同的花型,主人席位的花型高度应高于其他席位以示尊贵。

2. 物品准备

① 白色口布。

② 白色骨盘。

③ 各色餐巾扣。

【操作流程】

序号	技法名称	技法动作要领	图示
1	叠	叠是最基本的餐巾折花的手法。叠是将餐巾一折为二、二折为四或者折成三角形、长方形等几何图形。 叠的要领是:一次叠成、避免反复,减少餐巾的折痕,注意距离和角度,使造型挺括美观	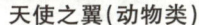

餐饮服务与管理

序号	技法名称	技法动作要领	图示
2	推	推是打褶时运用的一种手法。 推折的动作要领是：用双手的拇指、食指分别捏住餐巾两头的第一个折裥，两个大拇指相对成一线，指面向外；两手中指按住餐巾，并控制好下一个折裥的距离；拇指、食指的指面握紧餐巾向前推折至中指外；用食指将推折的裥挡住；中指腾出去控制下一个折裥的距离；三个手指相互配合，使折裥均匀整齐。 推折又可分为直线推折和斜线推折	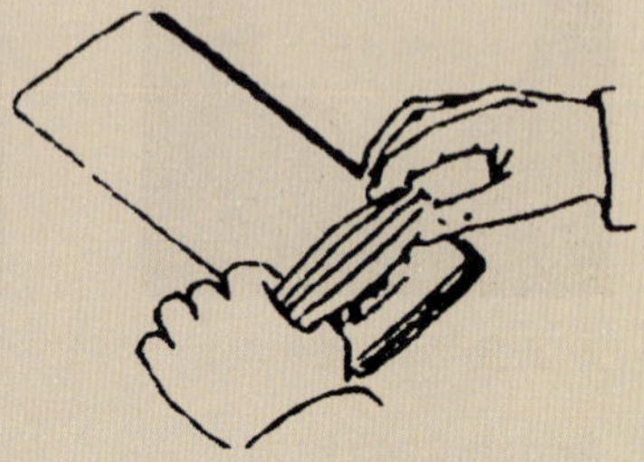
3	卷	将餐巾卷成圆筒形并做出各种花型的一种手法。卷可分为平行卷和斜角卷两种	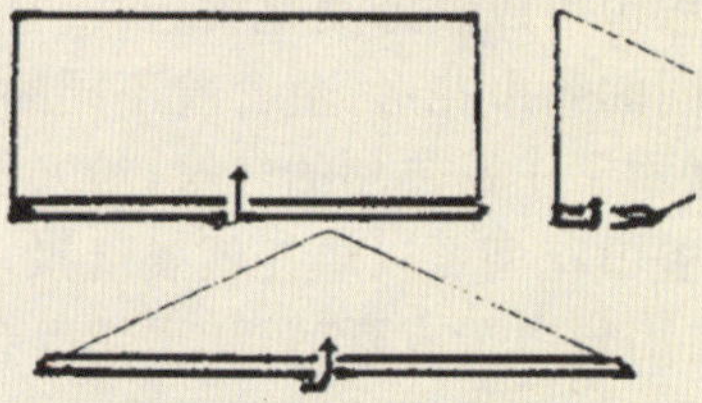
4	穿	穿是用工具从餐巾的夹层折缝中间，边穿边收，形成皱褶，使造型更加逼真美观的一种手法	
5	翻	翻是在折叠过程，将餐巾折、卷后的部位翻成所需花样，以构成花、叶、鸟翅、动物头等形状	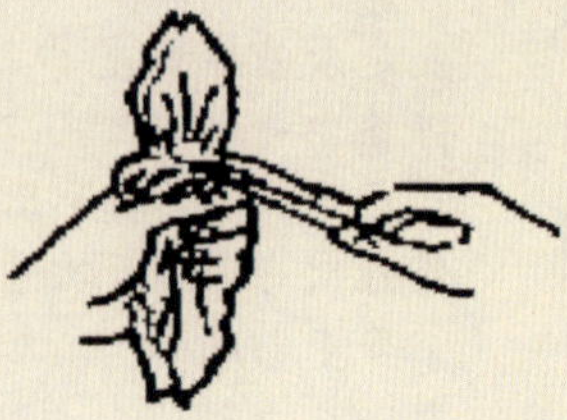

序号	技法名称	技法动作要领	图示
6	拉	拉是在翻的基础上,为使餐巾造型挺直而使用的一种手法。如:折叠鸟的翅膀、尾巴、头颈,花的茎叶等时,通过拉的手法可使餐巾的线条曲直明显、花型挺括而有生气	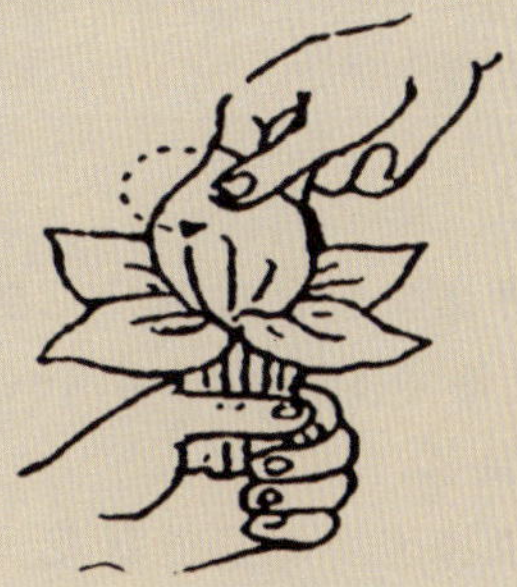
7	捏	捏主要用于制作鸟的头部折叠。操作方法是先将餐巾的一角拉直作颈部,然后用一只手的大拇指、食指、中指三个指头捏住颈部顶端,食指在上,将巾角尖端向下压,用中指与拇指在下,将压下的巾角捏紧,捏出尖嘴状,即可作为鸟的头部	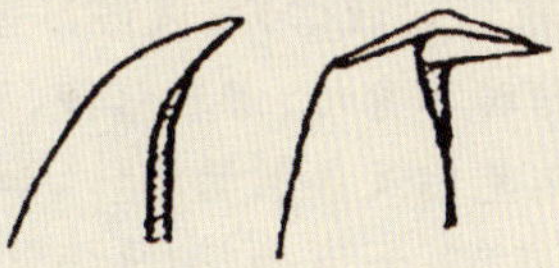

【任务实训】

请同学分为几个小组,分别运用 7 种折花技法尝试完成餐巾折花(杯花枫叶、盘花三明治、环花蛋卷)的实训操作,按照下表中的评价要素进行打分。

序号	评价要素	配分	得分
1	花型切题: ① 全部符合　　② 符合三分之二 ③ 符合二分之一　④ 符合二分之一以下	20	
2	手法: ① 卫生　　　　② 熟练 ③ 没有无效动作　④ 操作台整齐	20	
3	花型: ① 整体造型美观　② 鸟头或花蕊生动 ③ 鸟翅或花叶一致　④ 餐巾正面朝上(外)	40	
4	插杯(放盆): ① 拿杯(盆)手法卫生 ② 插入杯中三分之二(放入盆内不外延) ③ 插杯不紧、不松(放盆后不松散) ④ 杯(盆)轻拿轻放	20	
合计	操作时间:8 分钟	100	

【活动拓展】

餐巾折花既是技能，更是一门艺术，请同学们在完成任务的基础上，在课外开展市场调查，了解餐饮企业中使用频率较高的花型，学习后与班级同学分享自己的调研结果。

知识链接

如何选用合适的餐巾花型

1. 根据宴会性质选择花型

一般婚宴多用暖色调以烘托热烈喜庆的气氛；商务宴请注重规格、等级；亲朋会餐讲究随意、温馨。

2. 根据宴会规模选择花型

一般大型宴会可选用简单、快捷、挺括美观的花型；小型宴会可在同一桌面使用各不相同的花型，多样协调的布局。

3. 根据宗教信仰、风俗习惯等选择花型

根据宾客身份、宗教信仰、风俗习惯和爱好选择花型，以示尊重。在花型和色彩的选择上应避免触及各国的忌讳，如：英国客人喜欢蔷薇和淡雅的色彩，忌讳孔雀和绿色；法国人喜红、黄、蓝和百合花，忌讳仙鹤和核桃；日本人喜爱樱花，忌讳白色和绿色等等。

4. 根据宾主席位安排选择花型

根据宾主席位安排选择要突出的主人位、主宾位。主人位和主宾位的餐巾花称为主花，在宴会席位上主人位和主宾位是一桌的中心，因此，主花选择的花型应高而醒目，品种名贵，折叠精细，意喻吉祥的餐巾花。

小贴士

餐巾花的摆放要点：
① 主花放于主位。
② 观赏面要朝向客人。
③ 摆放的深度和距离要均匀。

任务二　餐巾折盘花

【任务描述】

盘花是餐厅服务员将餐巾折成各式各样后，摆放在骨碟或展示盘中的餐巾花型。在熟练运用任务一中所学的餐巾折花主要技法的基础上，本任务要学会12种餐巾盘花，为学习后续的更高难度的杯花和环花技法打好基础，并激发学生自主设计新花型的创意。

【任务目标】

通过本任务的学习和任务实训,学生能够学会 12 种盘花的折叠技工了,在八分钟内完成八个盘花的操作。

【任务准备】

1. 知识准备

盘花是餐厅服务员将餐巾折成各式花样,摆放在骨碟或展示盘中,供客人在进餐过程中使用的卫生用品。

盘花多适用于中、西餐宴会,其造型的多样性对服务人员提出了较高的操作要求,基本涵盖了餐巾折花的 7 种技法。

2. 物品准备

① 白色口布。

② 不同大小的白色骨盘若干。

【操作流程】

1. 领带

序号	操作步骤与方法	图示
1	打开口布,反面向上	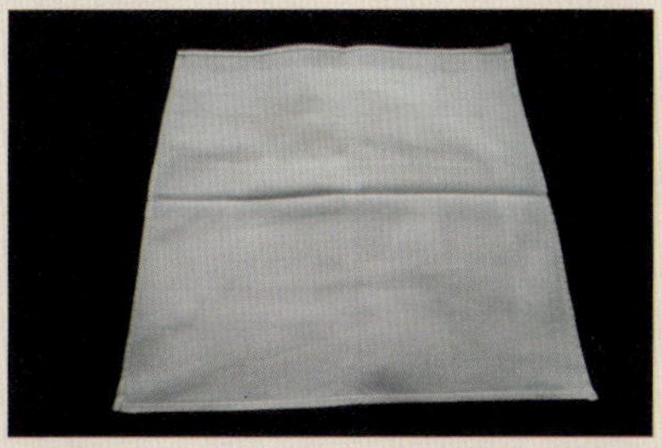
2	上下对折成长方形	

序号	操作步骤与方法	图示
3	左右对折成正方形	
4	将有四层布的一角朝向自己，并向上对折，注意距离顶端约1厘米	
5	将底端一角向1/3处折去	
6	同样操作另一侧	
7	翻转口布，整理成型	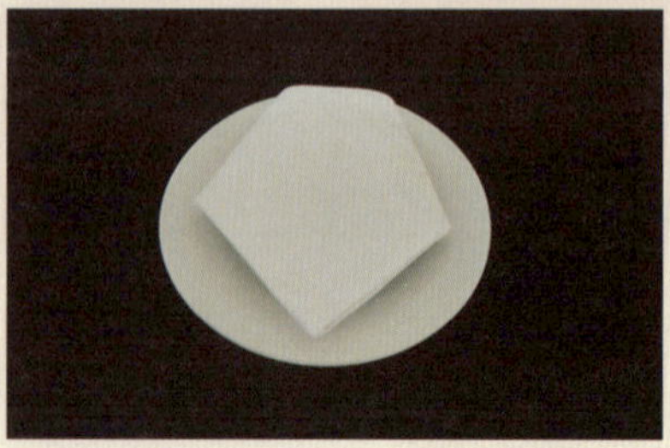

餐饮服务与管理

2. 企鹅

序号	操作步骤与方法	图示
1	打开口布,反面向上	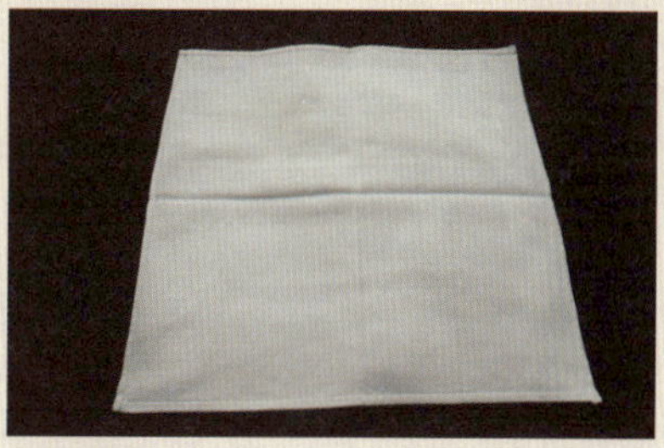
2	对折成三角形	
3	将左右两侧的角折向顶角成正方形	
4	同样方向再将两边向中间对折	
5	将口布翻面后,再将尾端的三角形向上翻折	

续 表

序号	操作步骤与方法	图示
6	左右对折	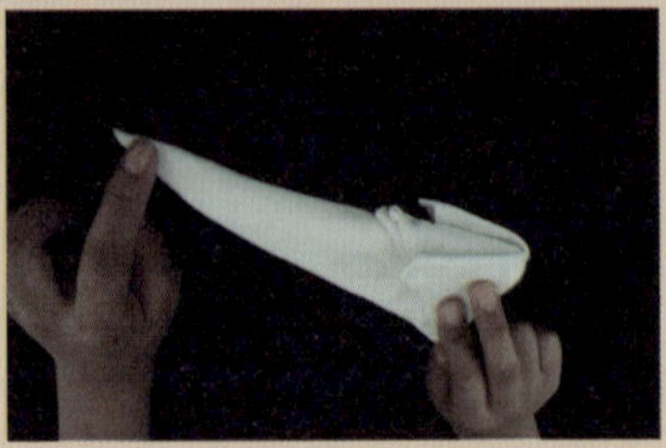
7	捏出鸟头	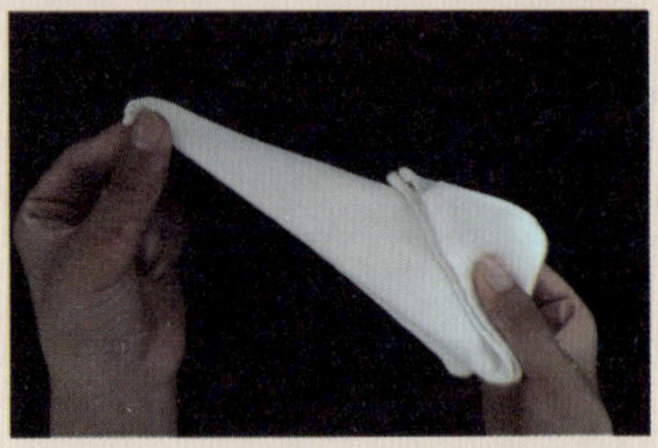
8	竖起花型，撑开尾部，整理成型	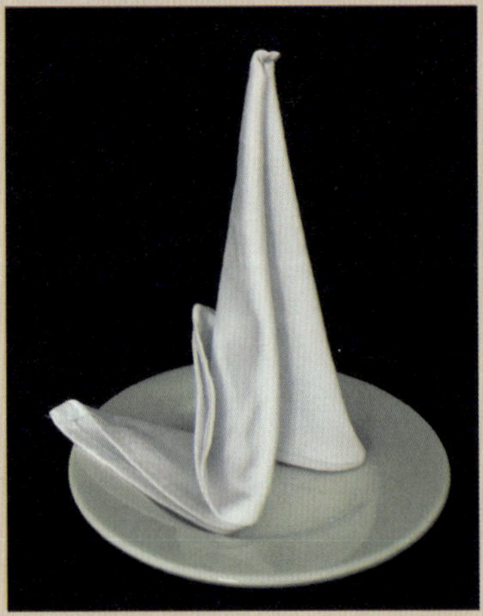

3. 和服

序号	操作步骤与方法	图示
1	打开口布，反面向上	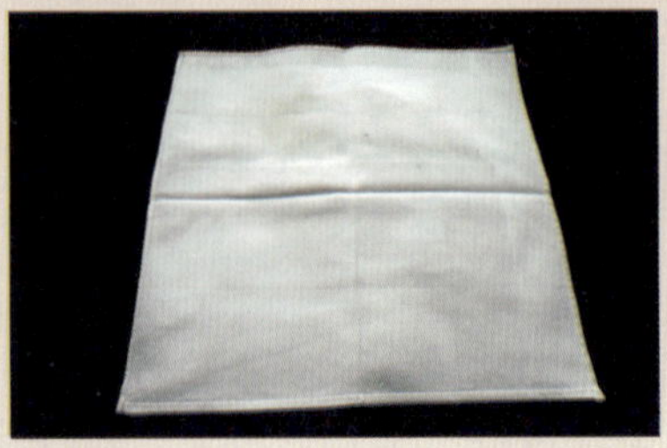

序号	操作步骤与方法	图示
2	对折成三角形	
3	三角形底边翻折2厘米	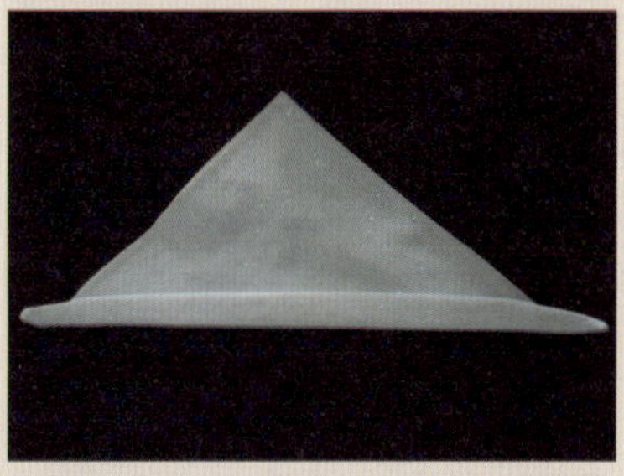
4	将口布翻面后,再将一边角折向另一边	
5	用同样方法操作另一边	
6	将口布再次翻面,再将一边向中间折去,离"衣领"约1 cm	

序号	操作步骤与方法	图示
7	用同样方法操作另一边，注意靠近"衣领"的部分略宽于下部	
8	将下部多余的口布向上折去，塞入"衣领"	
9	翻面，整理成型	

4. 雨后春笋

序号	操作步骤与方法	图示
1	打开口布，反面向上	

序号	操作步骤与方法	图示
2	上下对折成长方形	
3	左右对折成正方形	
4	将四层布角朝向自己,逐层向顶角折去,每层间留出间距	 
5	将口布翻面,再将两侧向中间各折三分之一	

模块二　餐前服务

序号	操作步骤与方法	图示
6	将两角对插	
7	将四角口布逐层向下翻成"笋壳状",整理成型	

5. 烛光闪烁

序号	操作步骤与方法	图示
1	将口布打开,反面向上	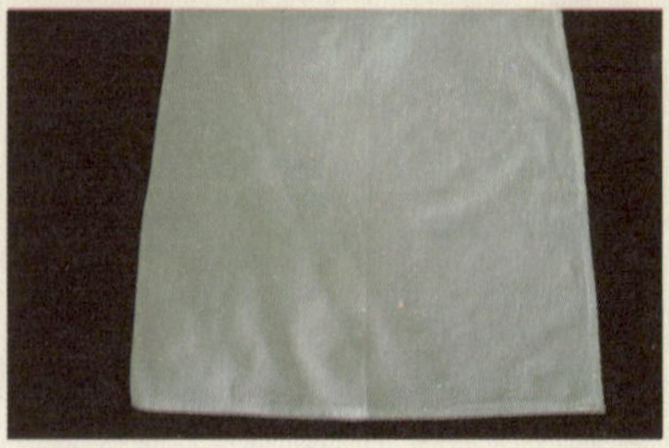

序号	操作步骤与方法	图示
2	对折成三角形	
3	将顶角向底边中心点折去	
4	自上往下对折	
5	旋转 90°,翻起一角,注意留出"烛心"	
6	自下往上平卷	

模块二 餐前服务

序号	操作步骤与方法	图示
7	将剩余尾部插入底部口布夹缝中	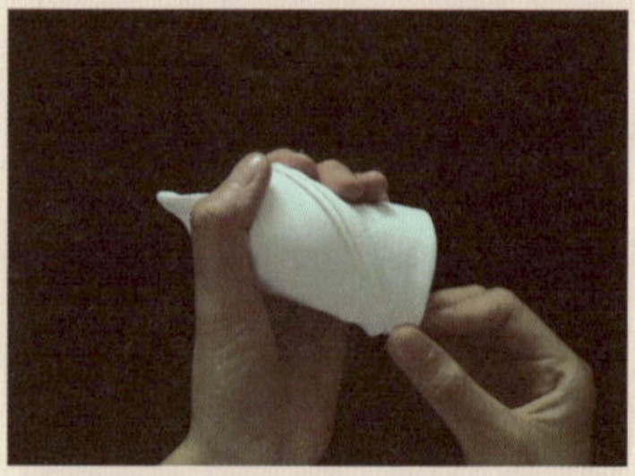
8	注意口布平整，整理成型	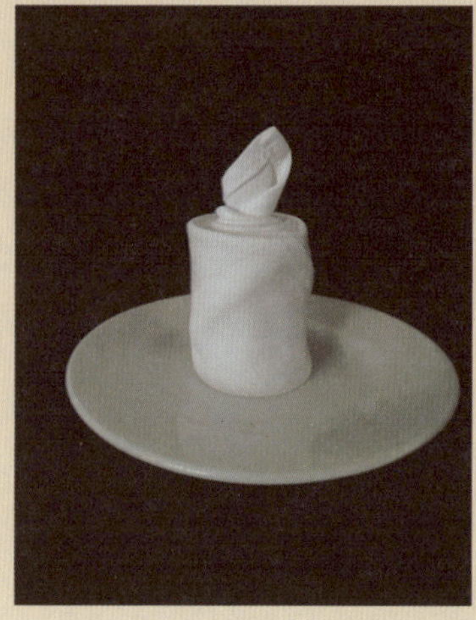

6. 兔耳仙客

序号	操作步骤与方法	图示
1	将口布打开，反面向上	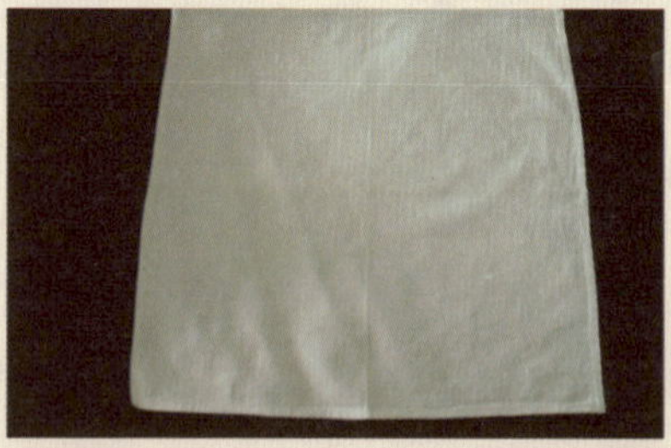
2	对折成三角形	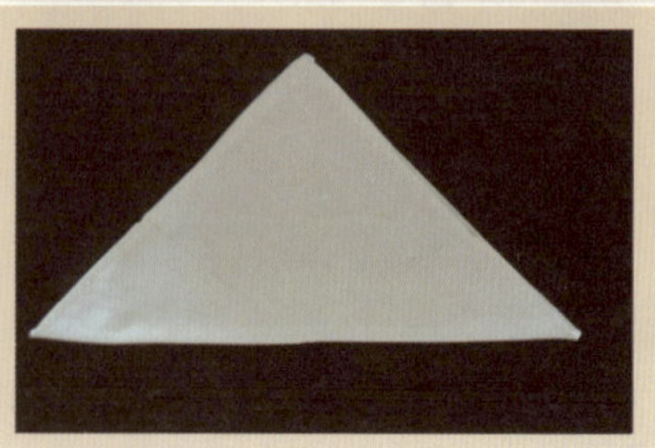

序号	操作步骤与方法	图示
3	将左右两侧的角折向顶角，构成正方形	
4	将口布的下底部向上折起约5厘米	
5	再向下对折约2厘米	
6	将口布翻面后，再将两侧各约三分之一向中间折去	
7	两角对插	

模块二　餐前服务

序号	操作步骤与方法	图示
8	整理成型	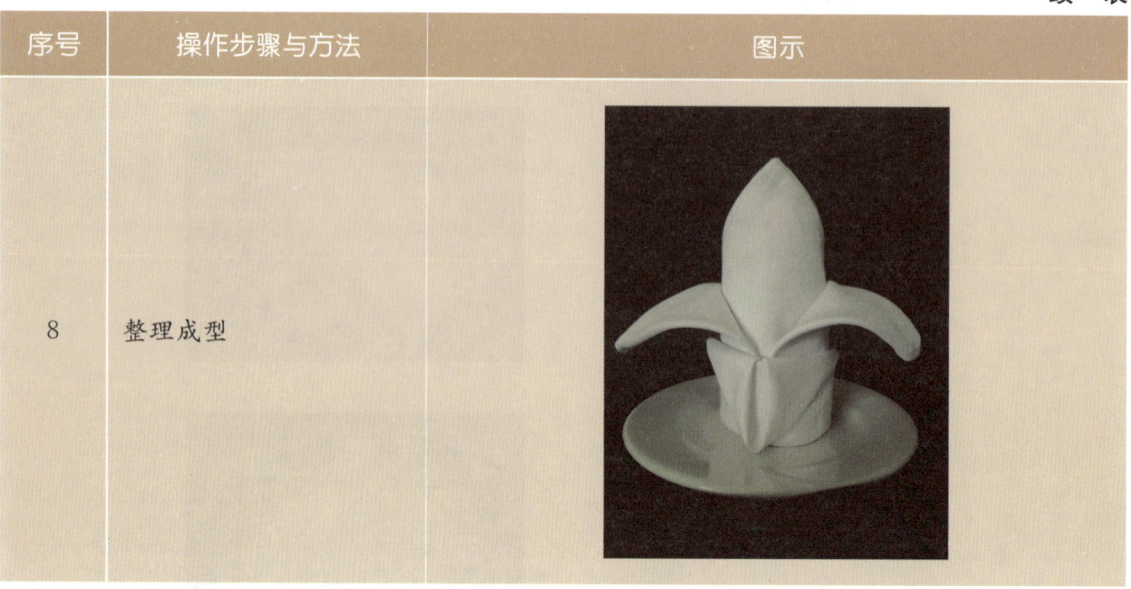

7. 玉兰飘香

序号	操作步骤与方法	图示
1	打开口布,正面向上	
2	上下对折成长方形,开口朝向自己	
3	将右上角朝下折至中心点位置	

餐饮服务与管理

序号	操作步骤与方法	图示
4	将口布翻面后,用同样操作另一角成三角形	
5	一只手持三角形顶端,另一只手提起三角形最长边的上面一层,注意捏住中心点。轻提后放下,再将最上层往上折	
6	将两面左右两角向中心线对折	
7	将底角向上折两层,正好形成一个等腰三角形	
8	将口布翻面	

模块二　餐前服务

序号	操作步骤与方法	图示
9	将两侧各约三分之一向中间折去,两角对插	
10	翻出花瓣,整理成型	

餐饮服务与管理

【任务实训】

请同学分为几个小组,根据操作流程完成上述餐巾盘花的实训操作。

【任务拓展】

餐巾折花是一门能衬托餐厅艺术的技能,在完成任务的基础上,还要加强课余练习。请以小组为单位,尝试创造新花型,并与同学分享小组的创作成果。

【知识拓展】

以下两张图是以盘花为装饰的西餐台面照片,请同学们仔细观察和欣赏。

任务三　餐巾折杯花

【任务描述】

杯花是餐厅服务员将餐巾折成各式花样后,插在酒杯里的餐巾花型。在熟练运用前面所学的餐巾折花主要技法的基础上,本任务要教会学生 12 种餐巾杯花,为后续更高难度的环花折叠打好基础,并激发学生发挥创意,自主设计新花型。

【任务目标】

通过本任务的学习和任务实训,学生能够学会 12 种杯花的折叠技能,在八分钟内完成八个杯花的操作。

【任务准备】

1. 知识准备

杯花是餐厅服务员将餐巾折成各式花样后,插在酒杯中,供客人在进餐过程中使用的卫生用品。

杯花多用于中式餐厅,花型相较于盘花更精巧,相对应所使用的技法也更复杂。近些年来,越来越多的饭店餐厅选择盘花,但仍有一些改良式的杯花常被酒店采用。

2. 物品准备

① 白色口布。
② 啤酒杯若干。

【操作流程】

1. 仙人掌

序号	操作步骤与方法	图示
1	打开口布,反面向上	

续 表

序号	操作步骤与方法	图示
2	上下对折成长方形	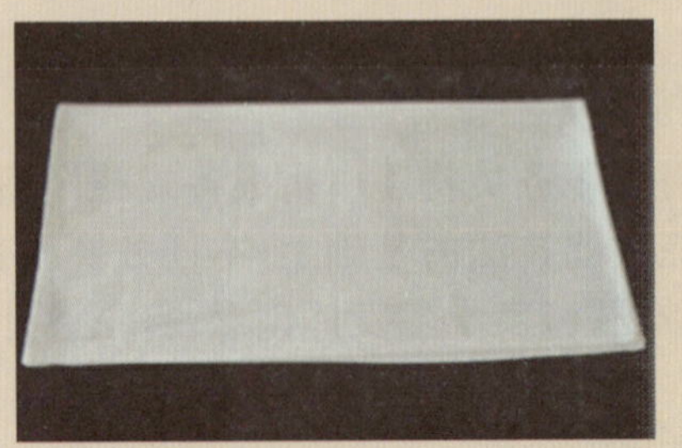
3	左右对折成正方形	
4	将四层巾角朝向自己，翻起上面两层对折	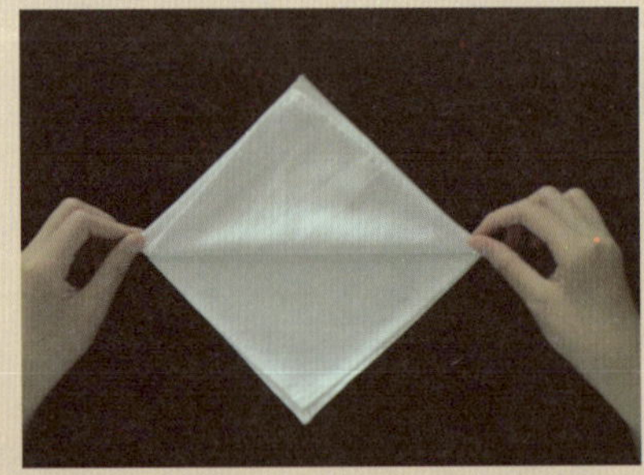
5	翻转口布，将剩下两层再往上对折	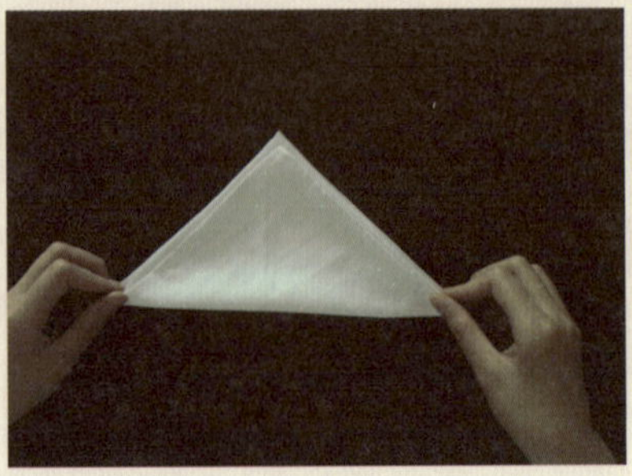

续 表

序号	操作步骤与方法	图示
6	旋转 90°，一只手按住长边中点，另一只手单边斜推	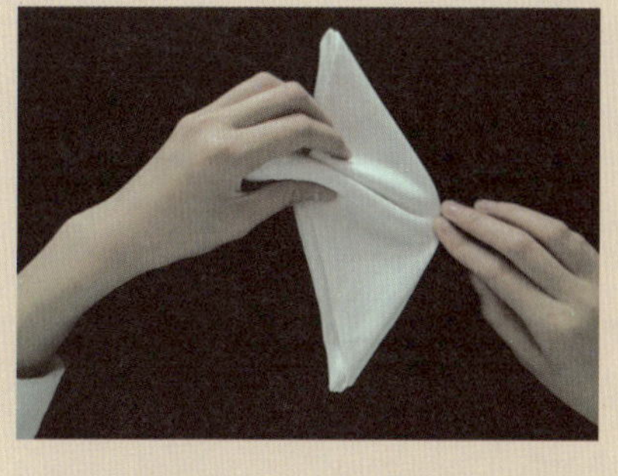
7	斜推完毕	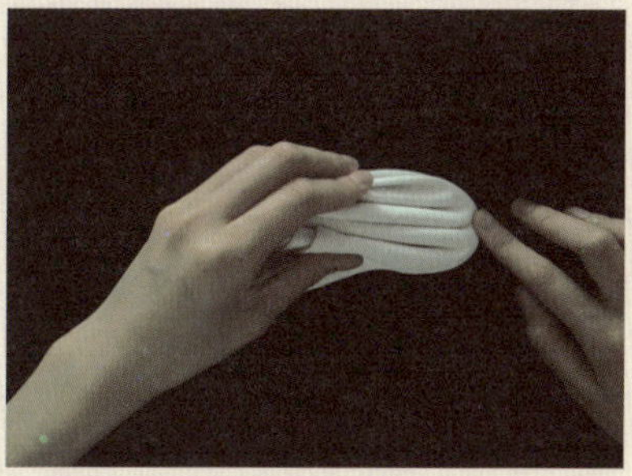
8	插入杯中，整理成型	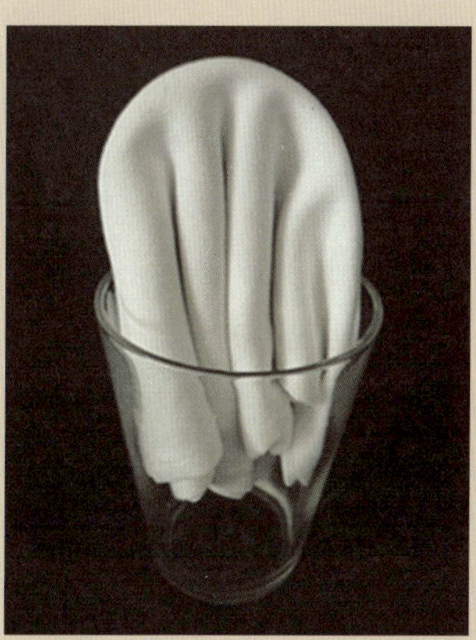

模块二 餐前服务

2. 三尾金鱼

序号	操作步骤与方法	图示
1	打开口布，反面向上	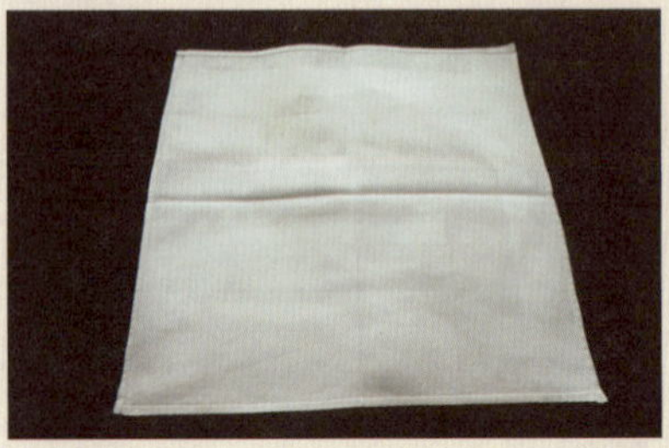
2	将口布的一边沿中线一折三	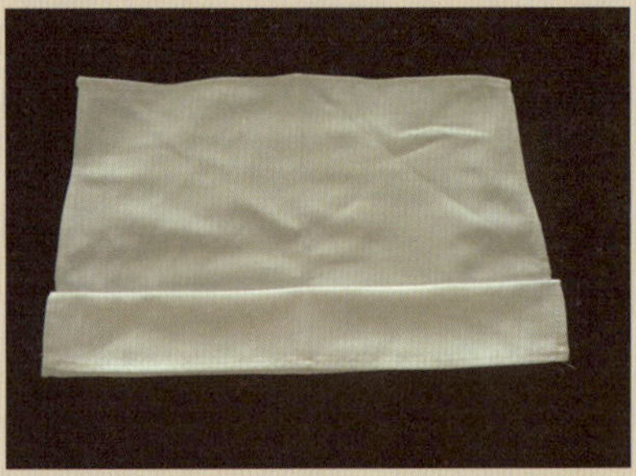
3	用同样方法操作另一边	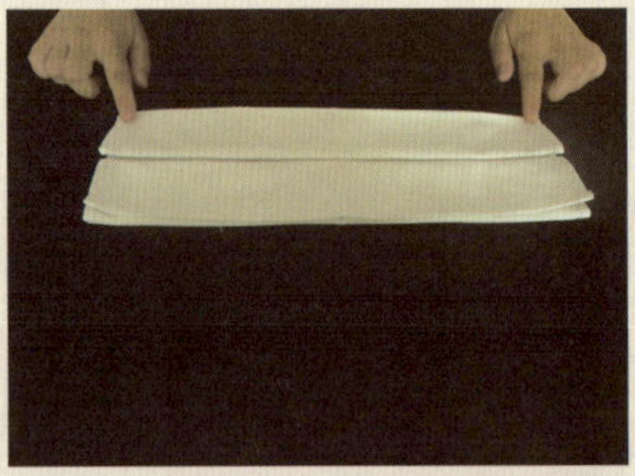
4	旋转90°，向外推折，注意中缝始终保持成一直线	

序号	操作步骤与方法	图示
5	推折至离顶端约 10 厘米处	
6	将褶皱向外侧推倒	
7	将口布向内对折后,一手攥紧"鱼身",一手翻出最外层口布做"眼睛"	
8	打开"鱼嘴"	
9	插入杯中,整理成型	

3. 四叶春芽

序号	操作步骤与方法	图示
1	打开口布，反面向上	
2	上下对折成长方形	
3	左右对折成正方形	
4	将有四层口布的一角朝向左侧，以横向对角线为轴心向两侧推折	

序号	操作步骤与方法	图示
5	推折完毕后拉直	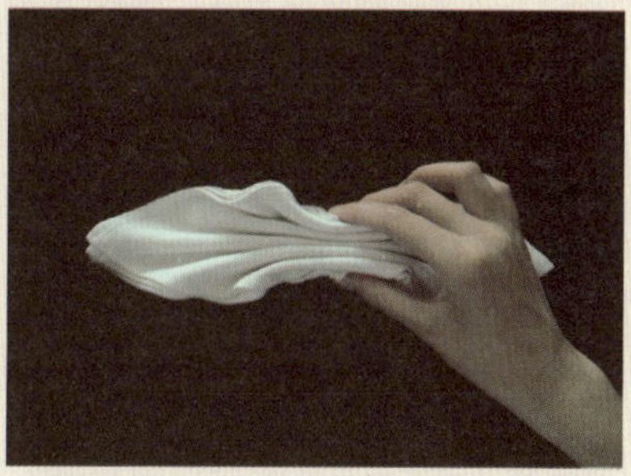
6	一只手攥紧褶皱,另一只手用下部口布将底部包裹平整	
7	拉开四片"叶片",插入杯中,整理成型	

模块二　餐前服务

4. 风中落叶

序号	操作步骤与方法	图示
1	打开口布,反面向上	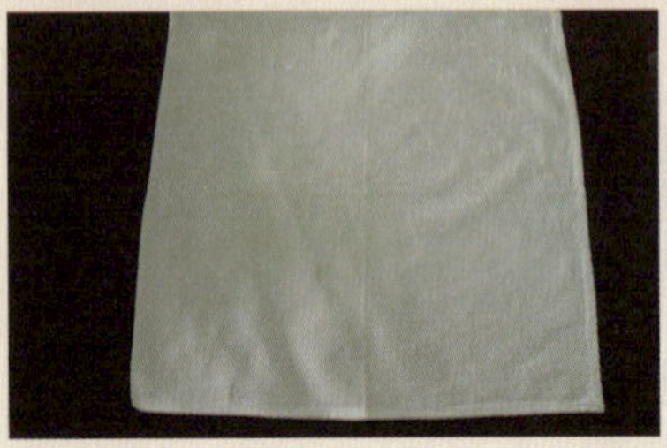
2	上下对折成长方形	
3	左右对折成正方形	
4	将有四层口布的一角朝向左侧,以横向对角线为轴心向两侧推折	

序号	操作步骤与方法	图示
5	推折完毕后拉直	
6	一只手攥紧褶皱,另一只手用下部口布将底端包裹平整	
7	插入杯中,整理成型	

模块二 餐前服务

5. 长尾灵鸟

序号	操作步骤与方法	图示
1	打开口布,反面向上	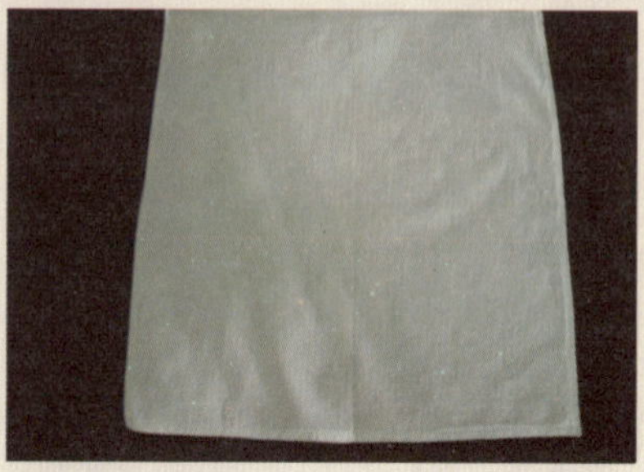
2	旋转45°,用左手按住左角,用右手将最靠近自己的一角轻微拉直后进行斜卷,至对角线	
3	用同样方法操作另一边,卷毕,拉直整理	
4	将口布拗成"W","W"位置如图所示,形成鸟身与尾部	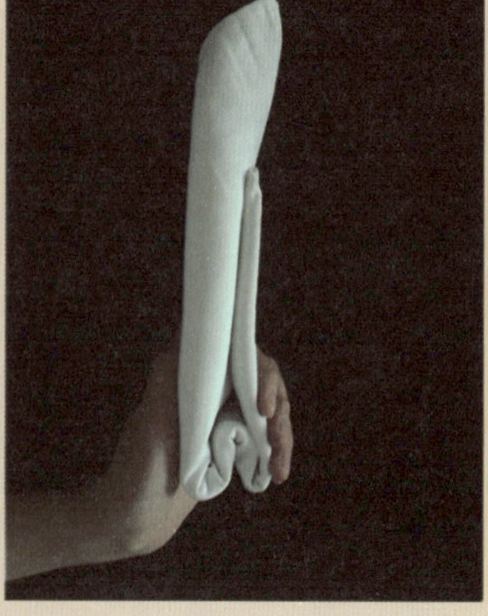

序号	操作步骤与方法	图示
5	一只手攥紧"鸟身",另一只手捏出"鸟头",插入杯中,整理成型	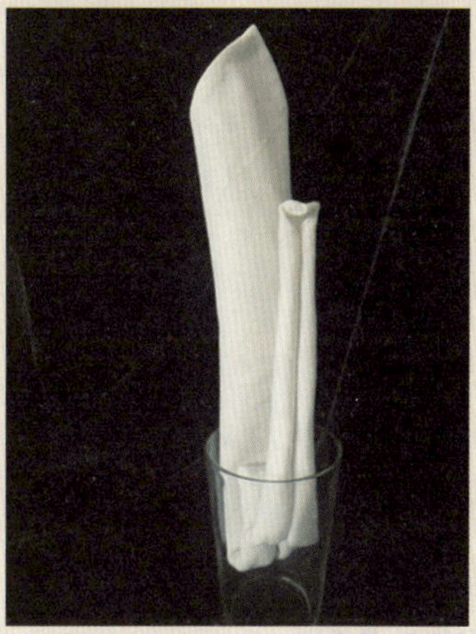

6. 蝴蝶初飞

序号	操作步骤与方法	图示
1	打开口布,反面向上	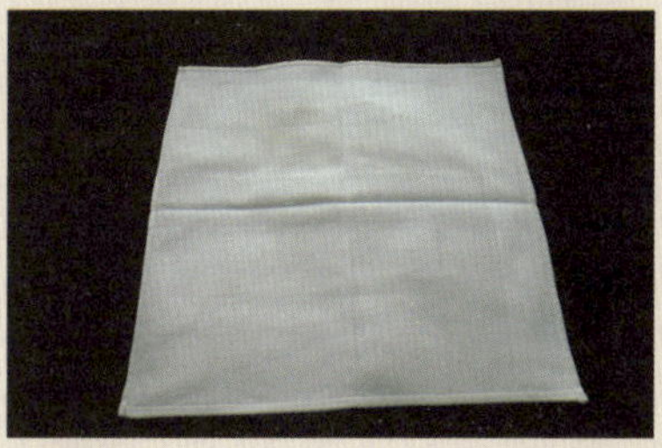
2	上下对折成长方形,开口朝向自己	
3	将靠自己的一角向外侧翻折,在外侧边约四分之一处露出尖角	

模块二　餐前服务

序号	操作步骤与方法	图示
4	用同样方法操作另一侧，露出的尖角略小于第一个尖角	
5	将口布翻面后，用同样方法操作，并与第一面对称	
6	旋转90°后，将筷子插入口布中	
7	按紧筷子的同时向前推，推完后，一只手向筷子方向收紧，另一只手整理口布	
8	整理剩余口布，抽出筷子	

序号	操作步骤与方法	图示
9	整理成型	

7. 彩蝶纷飞

序号	操作步骤与方法	图示
1	打开口布,反面向上	
2	将两边向内对折至中心线后,再将四角向外翻折	
3	从下往上将口布卷至中心线	

序号	操作步骤与方法	图示
4	继续向上推折另一半口布	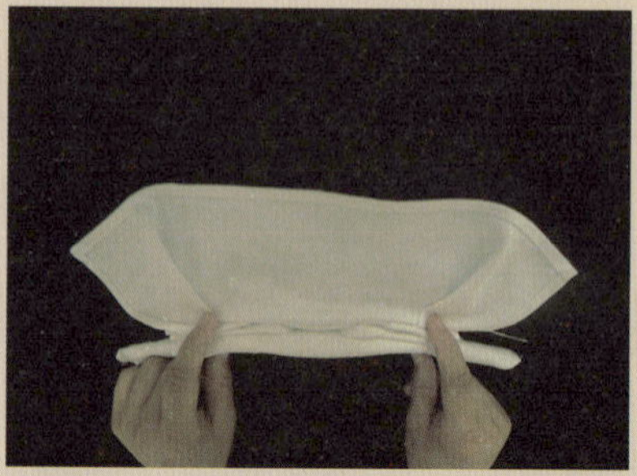
5	推折完毕	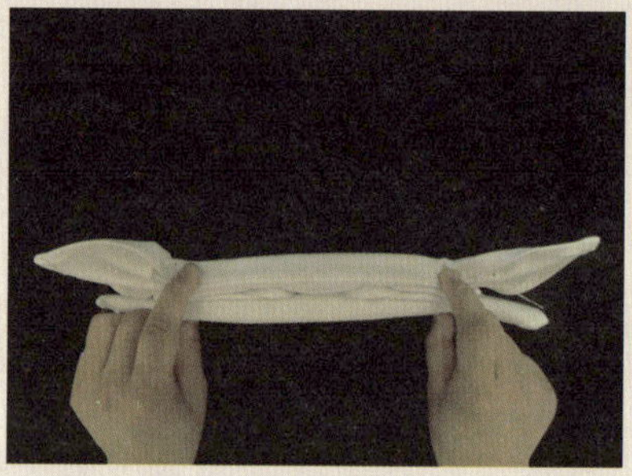
6	将口布朝向自己一侧对折	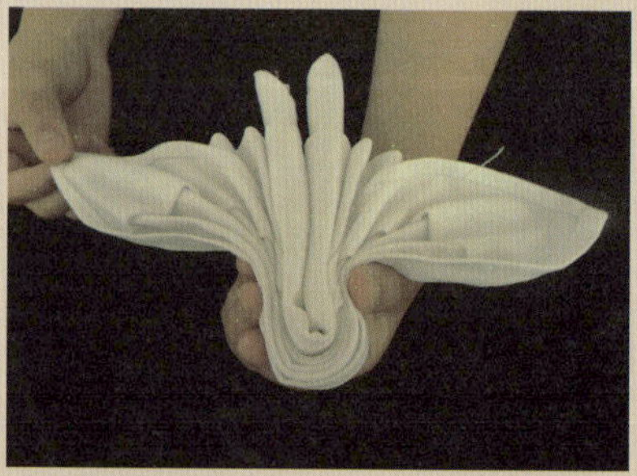
7	插入杯中,整理成型	

餐饮服务与管理

【任务实训】

采用小组体验活动形式,每组推荐一位做得最好的同学上台展示,评出实训明星。

【任务拓展】

随着行业发展,餐巾折花的造型也在不断变化中,请同学们比对一下盘花与杯花的优缺点,谈谈你的看法。

【任务拓展】

以下为第四届星光计划餐饮服务项目的杯花作品,请同学们欣赏,并在课外进行练习。

模块二　餐前服务

任务四　餐巾折环花

【任务描述】

环花是指餐厅服务员将餐巾折成各式花样,并用餐巾扣系住,使普通的餐厅用品更具观赏性的餐巾花型。通过熟练运用前面所学的餐巾折花主要技法,本任务要教会学生12种餐巾环花,并激发学生发挥创意,自主设计新花型。

【任务目标】

通过本任务的学习和任务实训,学生能够学会12种环花的折叠技能,在八分钟内完成八个环花的操作。

【任务准备】

1. 知识准备

环花是指餐厅服务员将餐巾折成各式花样后,用餐巾扣系住,使普通的餐厅用品更具观赏性。

在餐饮行业中,餐巾环花是当下流行的趋势。各式各样的环扣起到了画龙点睛、明确餐台主题的重要作用。餐巾环花的折叠技法与花型样式与杯花更相近,不过,对折花的技巧要求却更高。

2. 物品准备

① 白色口布。
② 各色环扣。

【操作流程】

1. 扇子

序号	操作步骤与方法	图示
1	打开口布,反面向上	

序号	操作步骤与方法	图示
2	将口布下边缘自下往上折约三分之一	
3	将上方口布翻折下来	
4	自左往右平卷	
5	推卷完毕,拉直口布	
6	插入环中,整理成型	

2. 玉荷风姿

序号	操作步骤与方法	图示
1	打开口布,反面向上	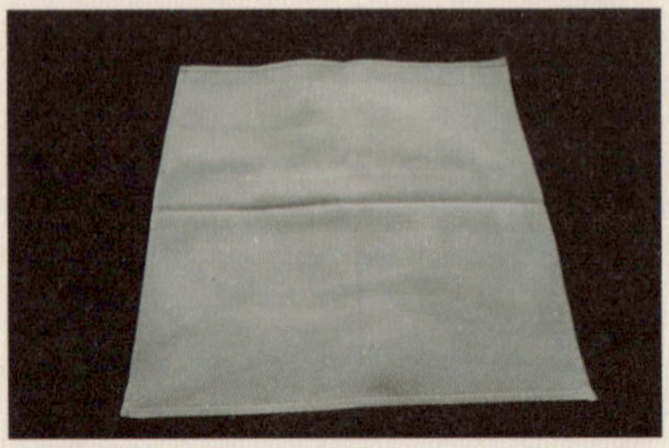
2	上下对折成长方形	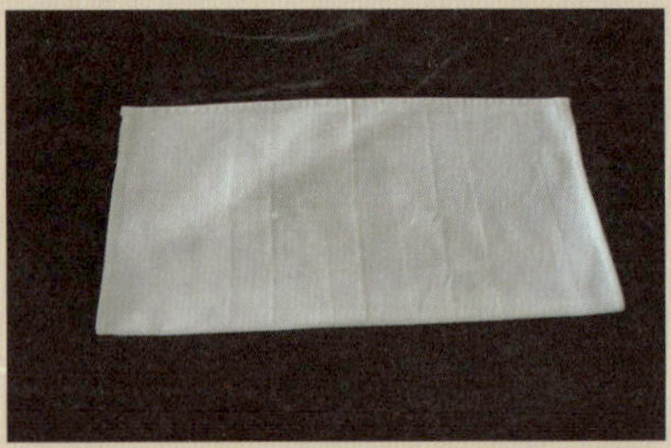
3	左右对折成正方形	
4	将有四层口布的一角朝向上方,翻起前两层向下	
5	将口布翻面,剩下的两层再往下对折	

序号	操作步骤与方法	图示
6	旋转 90°后,从三角形的中间向两边推折	
7	一只手攥住底部,另一只手向外轻拉两边的四层口布,做出花瓣形状	
8	轻轻拉开花蕊	
9	插入环中,整理成型	

模块二　餐前服务

3. 扬帆远航

序号	操作步骤与方法	图示
1	打开口布,反面向上	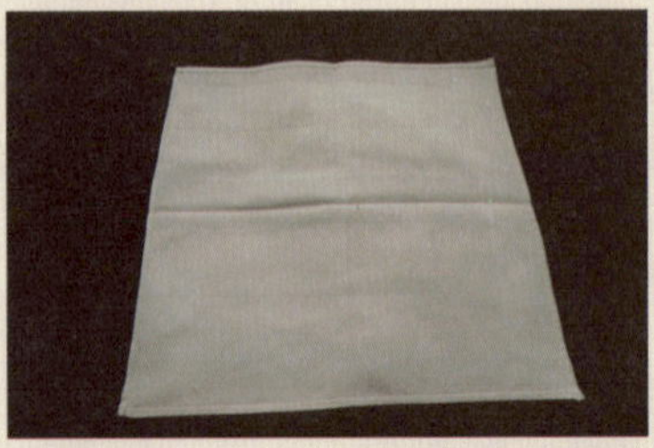
2	对折成三角形	
3	将三角形底边折起约2厘米	
4	将口布翻面,旋转90°后,从下向上翻折约5厘米	
5	从下向中间进行平卷	

餐饮服务与管理

序号	操作步骤与方法	图示
6	卷至中间后,开始向上推折	
7	捏起底部	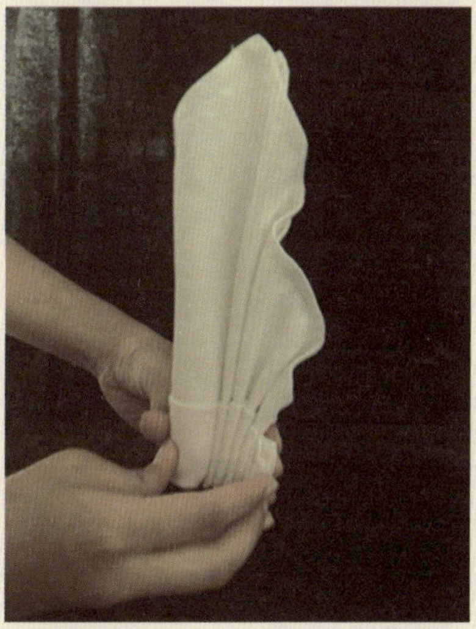
8	插入环中,整理成型	

模块二　餐前服务

4. 步步高升

序号	操作步骤与方法	图示
1	打开口布，反面向上	
2	上下对折成长方形	
3	左右对折成正方形	
4	将有四层口布的一角朝向自己，逐层向顶角折去，每层间留出间距	
5	将口布翻面，两侧各折起三分之一向中间卷去，两侧对插	

序号	操作步骤与方法	图示
6	插入杯中，整理成型	

5. 翱翔之翼

序号	操作步骤与方法	图示
1	打开口布，反面朝上	
2	从底角开始向上推卷，卷过中心线	

模块二　餐前服务

续 表

序号	操作步骤与方法	图示
3	向上推折	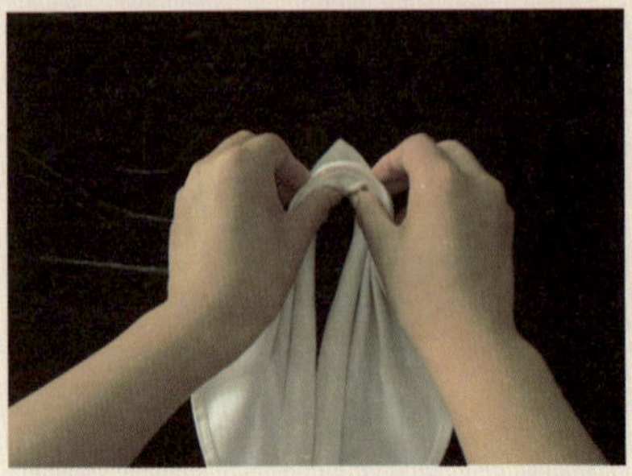
4	拉出底端巾角，捏成鸟头	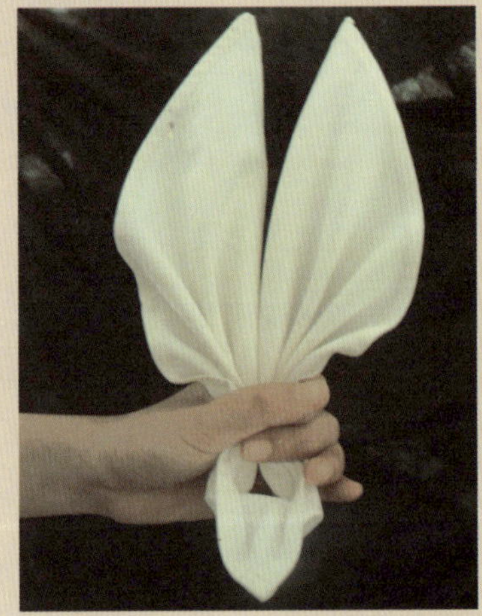
5	整理成型	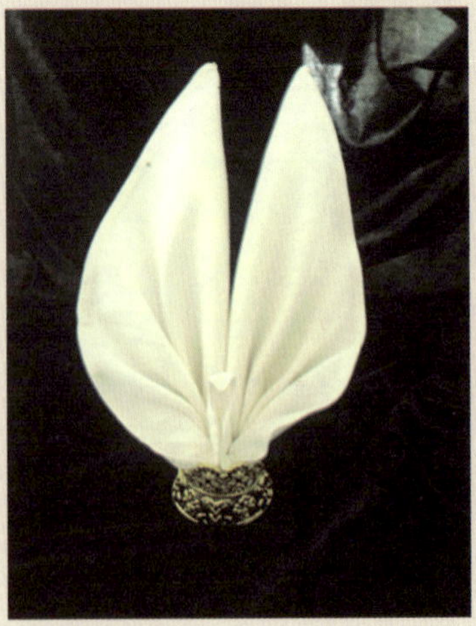

6. 生日蜡烛

序号	操作步骤与方法	图示
1	打开口布,反面向上	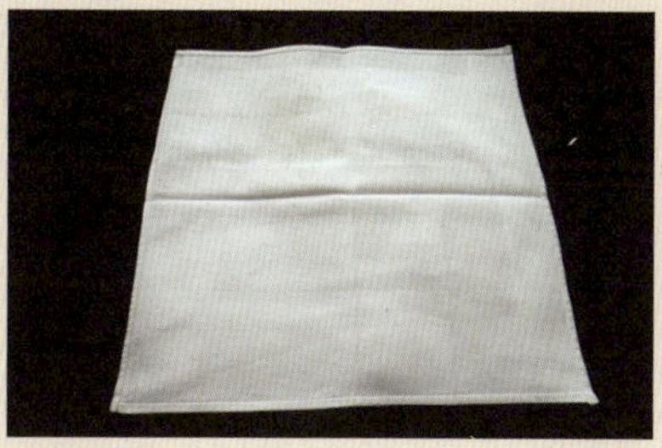
2	对折成三角形	
3	旋转180°后,将底边向上折起约2~3厘米	
4	从左至右翻折至三分之一处	

序号	操作步骤与方法	图示
5	旋转至90°后，向上平卷	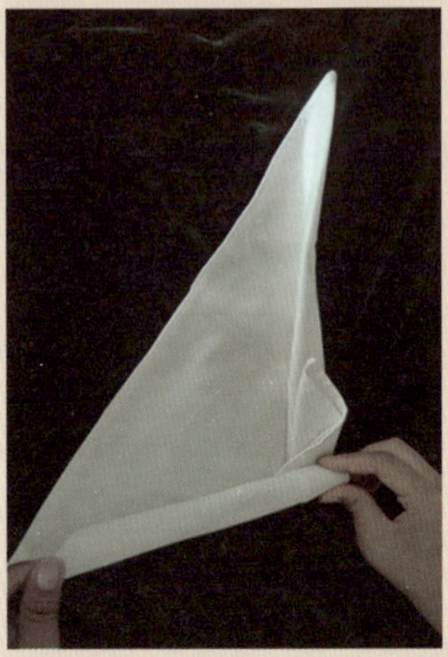
6	整理多余口布，插入环中	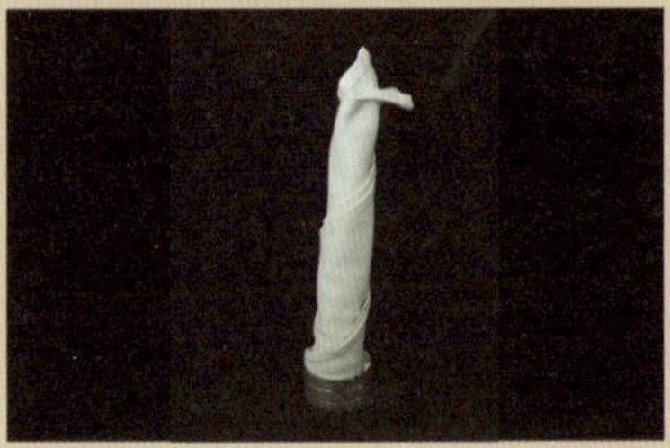

7. 靴子

序号	操作步骤与方法	图示
1	打开口布，反面向上	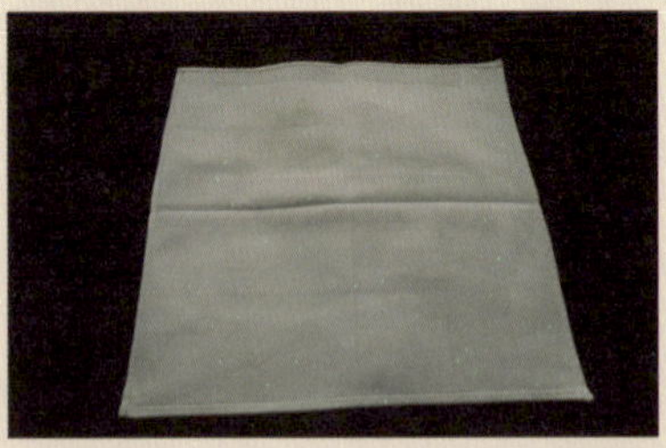
2	将口布自下往上折至中心线	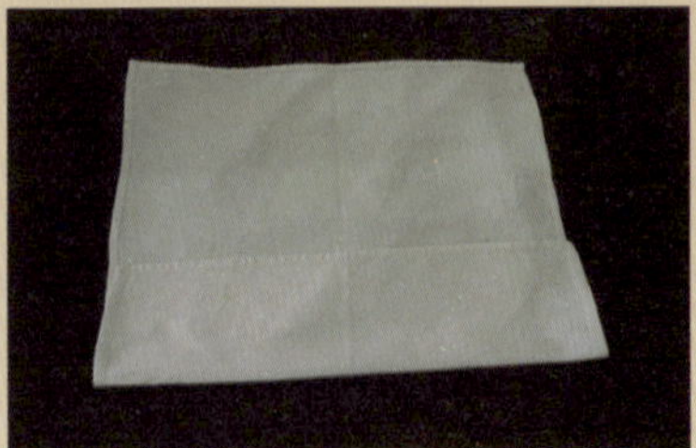

序号	操作步骤与方法	图示
3	用同样方法操作另一边	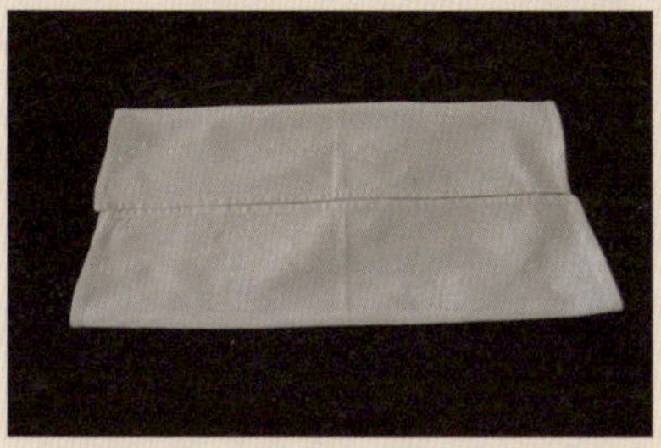
4	上下对折，注意开口面向下	
5	将口布的一边朝自己的方向折起，不要超过纵向中心线	
6	将另一边也朝自己的方向折起，两侧靠拢	
7	将一边再向内对折一次	

模块二　餐前服务

序号	操作步骤与方法	图示
8	用同样方法操作另一边，对折	
9	沿中线对折后，将较长的一侧向内翻折，翻折后形成"靴帮"	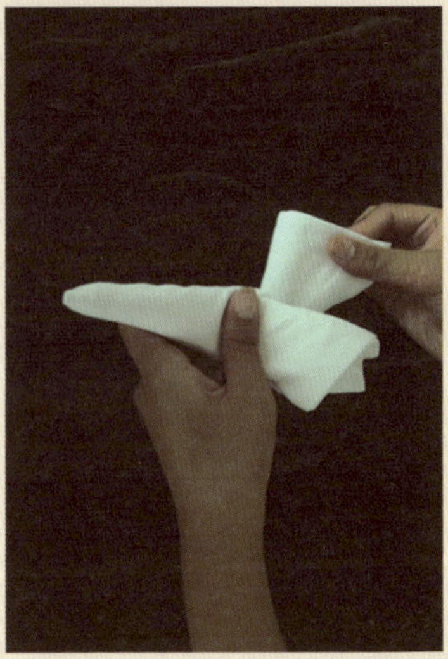
10	将短边多余口布插入前部	
11	插入环中，整理成型	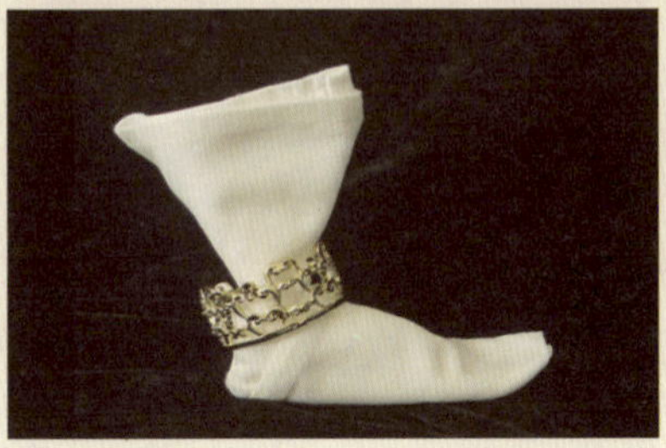

餐饮服务与管理

【任务实训】

采用分组体验活动形式,每个小组推荐一位做得最好的同学上台展示,评出实训明星。

【任务拓展】

餐巾折花的基本功能之一是美化环境,烘托气氛。在原有的折花技法的基础上,使用各式各样的环扣达到这一目的。请同学们在完成任务的基础上,上网搜索,了解餐饮企业中使用较多且富有新意的环扣,与班级同学分享自己的调研结果。

【知识拓展】

以下为使用环花装饰台面的照片,请同学们欣赏并学习。

项目三　摆台

项目描述

　　餐厅摆台工作不仅能体现出餐厅工作人员的技能水平,更能体现出餐饮员工的审美情趣和耐心细致的工作态度。一张摆放优美的餐台是餐厅形象,会给客人带来愉快用餐的初步印象。

　　摆台工作包括识别和擦拭餐具、中餐零点摆台、中餐宴会摆台、西餐零点摆台、西餐早餐摆台、西餐宴会摆台等。

项目目标

　　通过本项目任务的学习,能够有序安排餐位,准确摆放餐具,美观呈现餐桌。

任务一　餐具识别与保养

【任务描述】

　　餐厅中餐具种类繁多,教师通过多媒体课件展示、实物展示等方法,帮助学生识别不同种类的餐具,并了解不同种类餐具的保养方法。

【任务目标】

　　通过本任务的知识、技能学习和任务实训,学生能准确识别玻璃类、瓷器类和不锈钢类餐具,并了解不同种类餐具的清洁与保养方法。

【任务准备】

1. 知识准备

(1) 玻璃类餐具

　　① 玻璃类餐具的清洗方法。玻璃类餐具应与其他餐具分开洗涤,洗涤程序是:先用冷水冲洗去除异味,然后用清洗剂洗刷,再用清水过净后进行蒸汽消毒,最后用消毒抹布擦干水迹,使之透明光亮。

　　② 存放保养的注意事项。玻璃类餐具尤其是酒具在存放时应使用架子或杯格,按不同规格、种类分档存放,切忌堆叠、套叠码放,以免因碰撞而破损。如果发现有残破裂痕的玻璃器皿,应及时拣出并停止使用。另外,放入杯格或架子上的玻璃类餐具应倒扣并罩上防尘台布,以避免污染。

(2) 瓷器类餐具

　　① 瓷器类餐具的清洗方法。首先将待洗的瓷器类餐具送至清洗区,由洗涤人员先刮除餐盘上的食物残渣。然后用高压喷枪水柱将粘在盘上的残留、油污冲刷掉,之后将餐盘按照形状

大小分类、依序插入瓷器篮筐内,进行清洗。在经过温水清洗剂喷洒、热水冲洗、高温蒸汽或80℃热水清洗后,便可彻底清洁消毒。等烘干或晾干后取出,同时检查餐具并分类摆放。在清洗过程中,不可将瓷器类餐具浸泡于清洁剂内,也不能用力搓洗,不能用百洁布、钢刷刷洗餐具,以免刮伤餐具表面及釉彩。洗好的餐具必须检查是否有龟裂破损,如有此情形,应报废丢弃,以免藏有污垢或使顾客受伤。

② 存放保养的注意事项。瓷器类餐具虽然质地厚,但性脆且重,易磨损,所以使用过程中的保养是一个重要环节。要做到:轻拿轻放,避免碰撞;分档洗涤、消毒、存放,码放时注意其高度要便于放入和取出;可能的情况下要用台布覆盖瓷器类餐具,防止灰尘依附。

(3) 不锈钢类餐具

① 不锈钢类餐具的清洗方法。不锈钢类餐具在清洁时要注意与玻璃及瓷器餐具分开清洗。具体方法是:先将用过的不锈钢类餐具送进洗涤区,在专用药剂浸泡槽内浸泡约15~20分钟,除去附着的油污;然后将餐具捞起,放入不锈钢类餐具清洗筐内,用高压水柱冲洗,再送进洗碗机内清洗。经过清洁、冲洗、高温消毒、烘干后,由洗碗机内取出,交由服务人员用消毒过的餐巾做分类及擦拭。

② 存放保养的注意事项。将擦拭干净的刀、叉、匙分类摆放在一个特定的盒子或抽屉中,每个盒子或抽屉可垫上垫布以防止滑动和互相碰撞而留划痕和印记,并注意要定期换洗垫布,保持卫生。

2. 物品准备

(1) 玻璃类餐具

① 水杯。

水杯是各类玻璃杯中使用最多的一种,主要用于盛装各类饮料、啤酒、冰水等。

② 红葡萄酒杯。

主要用于盛装红葡萄酒。其高脚酒杯的形状,即可避免手部温度接触杯身以影响红葡萄酒的品质,又便于用嗅觉和视觉品酒。

水杯　　　　　　　红葡萄酒杯　　　　　　　白葡萄酒杯

③ 白葡萄酒杯。

其形状类似红葡萄酒杯,但杯口和容量都比红葡萄酒杯略小些。

④ 白酒杯。

主要用于盛装烈性酒,是宴会摆台最常选用的杯子中的一种。

⑤ 香槟酒杯。

主要用于盛装香槟、气泡酒。常见的香槟酒杯有两种款式:阔口香槟杯和郁金香杯。

白酒杯　　　　　　　香槟酒杯　　　　　　鸡尾酒杯

⑥ 鸡尾酒杯。

主要用于盛装各类鸡尾酒，具有多种造型，常见的有 V 形和细颈形。

⑦ 白兰地杯。

主要用于盛装白兰地，杯身较特别，杯肚较大，杯口较小。

⑧ 柯林杯。

主要用于盛装各类长饮鸡尾酒。

白兰地杯　　　　柯林杯　　　　　古典杯　　　　　纯饮杯

⑨ 古典杯。

又称老式酒杯、传统酒杯，造型为平底、宽口、直身，主要用于盛装加冰块的威士忌酒或特殊鸡尾酒。

⑩ 纯饮杯。

又称短饮杯，是喝烈酒所用的小酒杯，适合纯饮烈酒。

(2) 中餐瓷器类餐具

① 平盘。

是一种盘底平的圆形盘子，其规格有多种：一般直径 16.5 cm 的平盘常用作骨盆，用来给用餐顾客盛菜肴或放骨头用，是中餐中最常用到且更换频繁的一种餐具，也是中餐摆台的主要餐具之一；直径 26.5 cm 的平盘常用于盛炒菜。

② 筷架。

筷架用于搁置筷子。

③ 碗。

大致可分为面碗、饭碗、口汤碗几种。面碗用于吃各种面条；饭碗用于盛装米饭；口汤碗用于盛装汤或甜点。

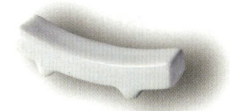

| 平盘 | 筷架 | 碗 |

④ 味碟。

主要用于装酱油、醋、辣椒酱、芥末等调味料。

⑤ 汤勺。

又名调羹、汤匙，一般摆放在口汤碗边摆上，通常用来吃汤类菜或甜点。

| 味碟 | 汤勺 | 茶杯及底盘 |

⑥ 茶杯及底盘。

主要用于给顾客喝茶水，有多种外观风格。

⑦ 腰圆盘。

又名鱼盘和长条盘。呈椭圆形，有多种规格，分别用作盛爆、炒、烧、炸菜肴及盛装整形菜和拼盘用。

| 腰圆盘 | 茶壶 |

⑧ 茶壶。

通常配以底盘，用作上桌斟倒茶水时使用。

(3) 西餐瓷器类餐具

① 餐盘。

直径 25 cm，是用作摆台的摆放盘，有时也可用作主餐盘，用来盛装主菜。偶尔也在服务时作底盘用。

| 餐盘 | 面包盘 |

② 面包盘。

直径 15 cm，用于盛装面包、芝士、水果、蛋糕等。

③ 盐、胡椒瓶。

用于装盐和胡椒。多孔的为胡椒瓶，少孔的为盐瓶。

盐、胡椒瓶

糖缸、奶盅

④ 糖缸、奶盅。

糖缸用来装砂糖或糖包，奶盅用来装牛奶或鲜奶油，一般配套使用。

⑤ 咖啡壶。

用于盛装咖啡。

咖啡壶

咖啡杯及底盘

⑥ 咖啡杯及底盘。

盛装咖啡使用的，尺寸大小根据咖啡的品种而定。

(4) 不锈钢类餐具

① 餐刀、餐叉。

主要用来食用西餐中的主菜，一般配套使用。

② 前菜刀、前菜叉。

主要用来食用开胃菜、沙拉、甜点、水果，也应配套使用。

餐刀、餐叉

前菜刀、前菜叉

鱼刀、鱼叉

③ 鱼刀、鱼叉。

主要用来食用鱼、海鲜类菜肴，配套使用。

④ 黄油刀。

用来切黄油和奶酪、果酱等涂在面包上使用。

黄油刀

浓汤匙

点心叉、点心匙

茶、咖啡匙

⑤ 浓汤匙。

用来食用浓汤类菜肴。

⑥ 点心叉、点心匙。

用来食用甜点、蛋糕等。

⑦ 茶、咖啡匙。

用来搅拌茶、咖啡，略小于点心匙。

【操作流程】

1. 玻璃类餐具的擦拭

序号	动作要点	图示
1	用消毒抹布包住杯子底部并用左手托住	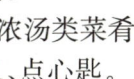
2	用右手取消毒抹布的一角包住杯口	

序号	动作要点	图示
3	右手大拇指伸入杯内,四指夹住杯身,沿杯口左右来回擦拭,同时左手以反方向来回擦拭杯座	

小贴士

　　擦拭玻璃类餐具(酒具)时动作要轻,力度要得当,以免造成损坏。经过擦拭后的水杯应无水痕和手纹,洁净透亮。

2. 瓷器类餐具的擦拭

序号	动作要点	图示
1	左手持一条干净餐巾,拿起餐盘,右手拿起餐巾的另一对角,握住盘边	
2	左手转动餐盘,用餐巾擦拭盘子的边缘	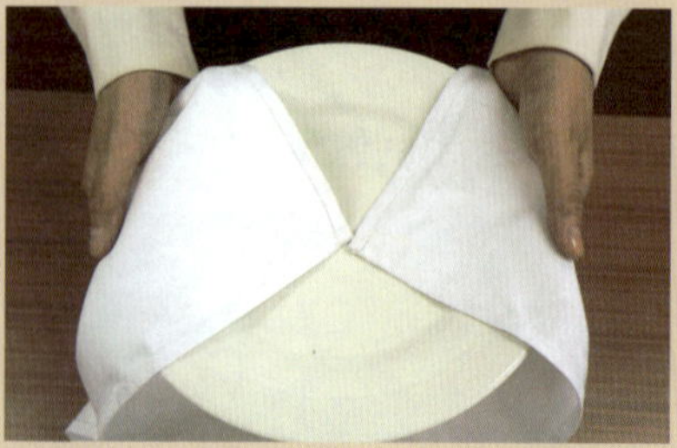

序号	动作要点	图示
3	用左手握住盘子,右手持餐巾,按顺时针方向擦拭盘面、背后及底缘	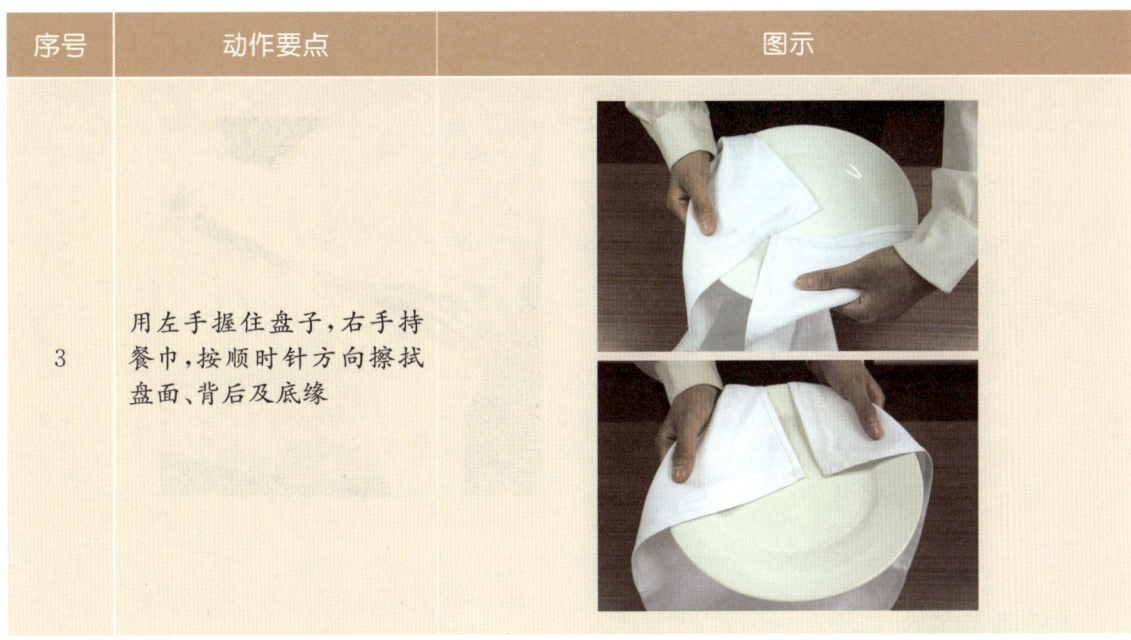

3. 不锈钢类餐具的擦拭

序号	动作要点	图示
1	用左手持餐巾,并包住刀、叉、匙柄	
2	右手拿餐巾另一角,沿同一方向擦拭刀面、刀背及叉尖和叉缝	

序号	动作要点	图示
3	用右手握住刀面、叉、匙前端部分,用左手擦拭刀、叉、匙的柄部,擦完后,检查是否干净无污渍即可	

【任务实训】

请同学分组根据操作流程和教师示范进行玻璃类餐具擦拭的任务实训。

任务二　台布铺设

【任务描述】

台布铺设是摆台的核心任务之一,台布的准确定位和平整是后续任务顺利展开的前提。

【任务目标】

通过本任务的知识、技能学习和任务实训,学生能使用正确的方法铺设圆台台布和方台台布。

【任务准备】

1. 知识准备

(1) 台布的种类

台布的种类较多,按质地来分主要有纯棉制品和化纤制品两种;按色彩分有白色、红色、绿色等多种;按形状分有正方形、长方形和圆形三种。

(2) 台布的规格

正方形台布的常见规格有:140 cm×140 cm、160 cm×160 cm、180 cm×180 cm、200 cm×200 cm、220 cm×220 cm、240 cm×240 cm 等。

圆形台布规格的要求通常是:餐台台面直径加上两边下垂部分尺寸,而下垂部分的台布尺寸一般在 30～70 cm 的范围之间。

2. 物品准备与检查

① 检查餐台是否已摆在所需的正确位置上。

② 检查餐台的台脚是否固定良好。

③ 检查台面是否干净清洁。

④ 检查所准备好的台布是否符合餐台规格尺寸。

⑤ 检查餐椅是否已按就餐人数摆放到位。

【操作流程】

1. 铺设方台台布

序号	动作要点	图示
1	站立在与主线相邻的桌边,将折叠好的台布开口处朝向自己	
2	用双手将台布向两边打开,尽量将台布中线与餐台中心相吻合	
3	用双手食指和中指夹住台布的中间层,拇指与食指夹住台布上面一层,双手向两边伸开	

序号	动作要点	图示
4	上身前倾,将台布向上提,松开拇指与食指夹住第一层台布,使台布垂挂在餐桌的另一边	
5	轻轻朝自己的方向拉,并顺势调整台布的中心线,使其与餐台的中心吻合	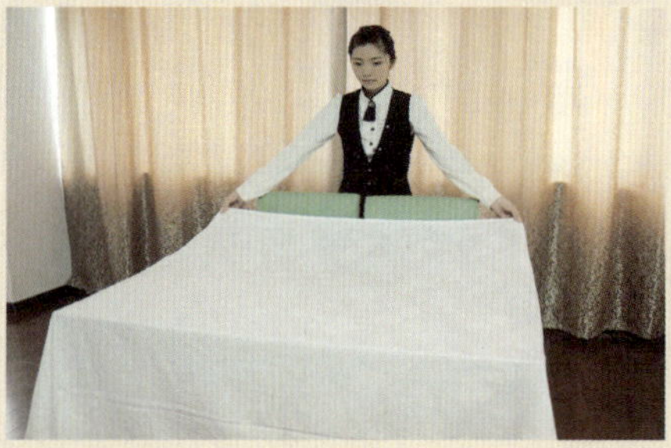
6	调整台布。调整时拉起台布的一边轻轻抖动,直至达到标准为止	
7	方台台布的铺设标准有下列要求:主线凸出、定位准,台面平整无褶皱,四边下垂均整齐,四角对称都均等	

餐饮服务与管理

2. 铺设圆台台布

序号	动作要点	图示
1	站立在与主线相邻的桌边,将折叠好的台布开口处朝向自己	
2	用双手将台布向两边打开,尽量将台布中线与餐台中心相吻合	
3	用双手大拇指和食指捏住台布的中间层,拇指与中指夹住台布的上面一层,双手向两边伸开,各捏在台布的1/3处	
4	将台布向上提起,使贴近台面的一层台布向前抖开,平放于餐台上	

序号	动作要点	图示
5	上身前倾，用双手的中指和无名指夹住前半部分台布，抖动手腕，将台布抖松	
6	提起台布至胸前，收腹吸气将重心移于脚尖部分，然后双手(手背向上)用力将台布向前撒出去。双手的大拇指和食指仍然捏住台布不松手，慢慢向自己方向拉回并调整台布	 
7	圆台台布的铺设标准有下列要求：台面平整又挺括，十字中心线居中，四角下垂均相等	

餐饮服务与管理

【任务实训】

请同学分组根据操作流程和教师示范进行铺设方台台布、圆台台布的任务实训,并按照下表中的评价要素进行打分。

序号	评价要素	配分	得分
1	正面朝上	25	
2	台布居中	25	
3	主径线对准主位	25	
4	一次性成功	25	
	合计	100	

知识链接

1. 台布铺设的注意事项

① 根据餐厅的格局确定台布主线铺设的方向,一般台布的主线对着正门,铺设台布时站在主位的右侧。

② 摆台布时,动作的幅度不能太大,姿态要潇洒、优美。

③ 台布不能接触地面,铺设好后应检查台布是否有污渍或破损,若存在上述情况应及时更换。

④ 在将台布向外撒出去时,应尽量多使用手腕的力度。提起台布后应由上向下使劲撒出去,若由下向上抛台布则很难将其全部抖撒开。

⑤ 如果第一次铺设没有达到标准,或者台布有一个角没有撒出台面,注意不能采用围绕台子转圈的方法来调整台布。应该站立在原位,双手的大拇指和食指捏住靠自己身体一侧的台布,将台布向上、向前轻轻抖动并同时将台布下压,使台布与台面之间形成一股气流把台布推出台面,顺势将台布调整到最佳位置。

2. 台布铺设的常用技巧

以下为两种常用的台布铺设技巧:撒网式和肩上式,请同学们学习并进行练习。

撒网式

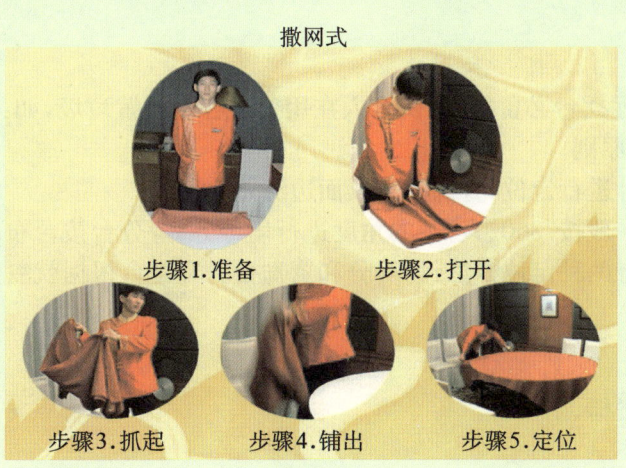

步骤1.准备　　步骤2.打开

步骤3.抓起　　步骤4.铺出　　步骤5.定位

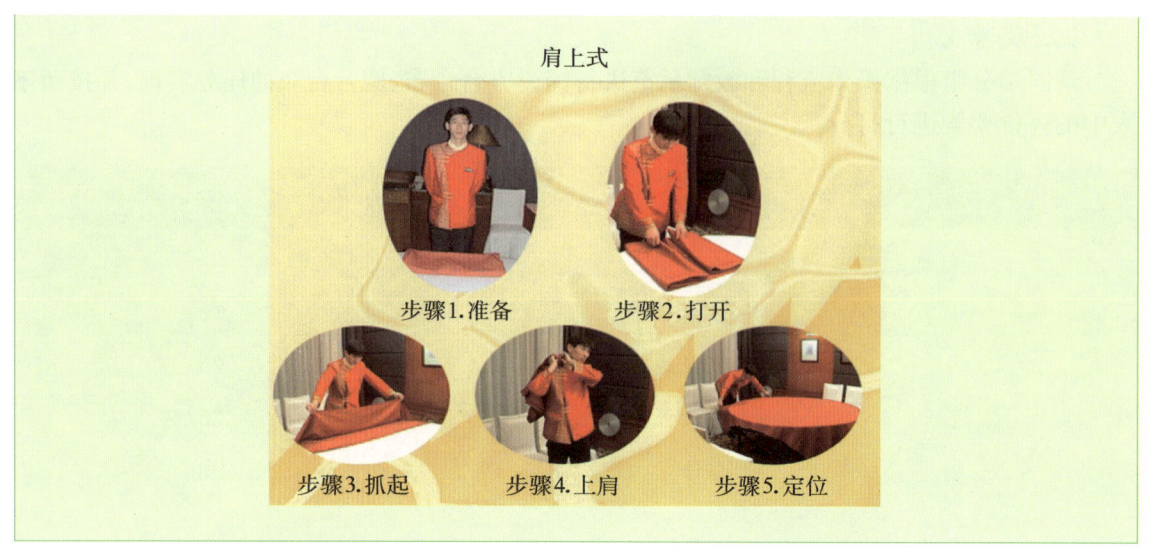

肩上式

步骤1.准备　步骤2.打开

步骤3.抓起　步骤4.上肩　步骤5.定位

任务三　中餐台餐盘定位

【任务描述】

餐盘定位是摆台中难度较大的一个任务,定位的精准直接影响餐台布局是否美观协调,同时餐盘定位也是中餐摆台中影响后续配套餐具摆放的重要环节。

【任务目标】

通过本任务的知识、技能学习和任务实训,使学生能够准确完成中餐台8人台、9人台和10人台的餐盘定位。

【任务准备】

1. 知识准备

(1) 餐盘

也称骨碟,是餐厅摆台必备餐具,供客人在用餐过程中放置垃圾,如:鱼刺,螃蟹壳等。

(2) 餐盘定位的原则

① 骨碟按顺时针进行定位,骨碟距离桌面边缘1.5 cm。

② 偶数位餐台一般按"360/人数"的角度进行均等分,等分台按台布凸线左右对称。

③ 奇数位餐台有两种定位方法:均等分和鸳鸯台。鸳鸯台根据就餐人数不同按先紧后松的原则定位。

2. 物品准备

① 餐台、转台、餐椅、工作台。

② 规格台布。

③ 餐盘。

④ 花瓶、花篮或其他装饰物。

⑤ 防滑托盘。

【操作流程】

1. 8 人台骨碟定位操作步骤

序号	动作要点	图示
1	从主人位开始定位，骨碟中心压住台布凸线	
2	其他位置的骨碟按顺时针进行定位，先定位45°位置的骨碟	
3	90°位置的骨碟	
4	135°位置的骨碟	

序号	动作要点	图示
5	180°位置的骨碟定位,要求主人位、花瓶、副主人位三点一线	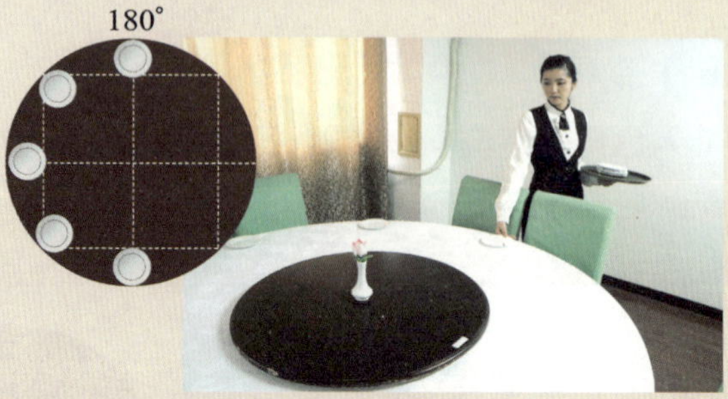
6	定位完毕。等分台按凸线左右对称	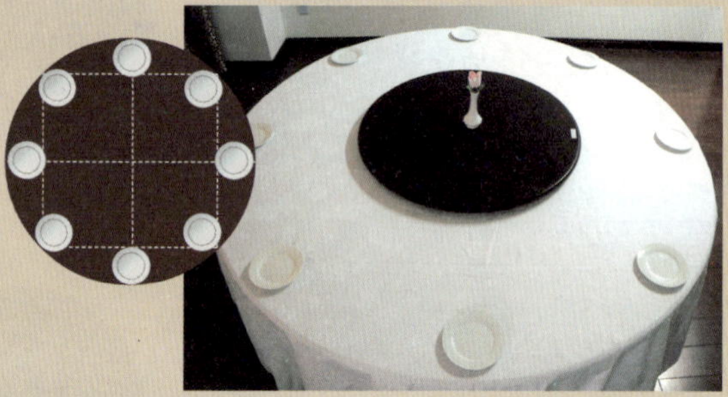

2. 9人台骨碟定位操作步骤

序号	动作要点	图示
1	从主人位开始定位	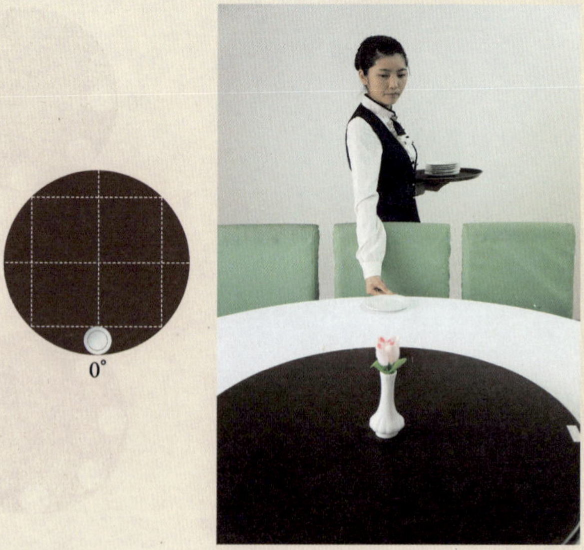

序号	动作要点	图示
2	鸳鸯台按照行紧后松原则定位，凸线以左按十人位定位	
3	72°位置的骨碟	

模块二　餐前服务

序号	动作要点	图示
4	108°位置与 72°位置关于中心十字线横轴对称	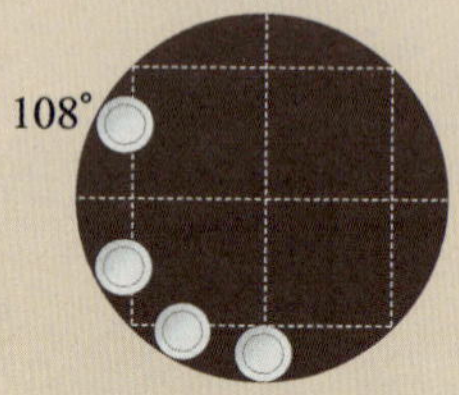 
5	144°位置与 36°位置关于中心十字线横轴对称	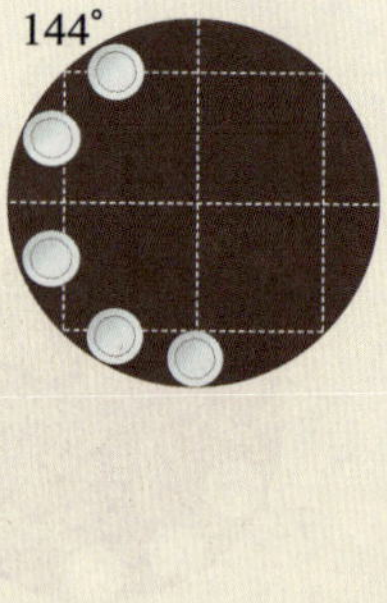 
6	鸳鸯台按照先紧后松、左十右八原则定位完毕	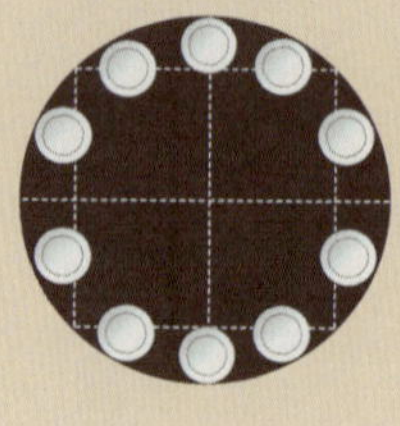 

餐饮服务与管理

3. 10人台骨碟定位操作步骤

序号	动作要点	图示
1	从主人位开始定位，骨碟中心压住台布凸线	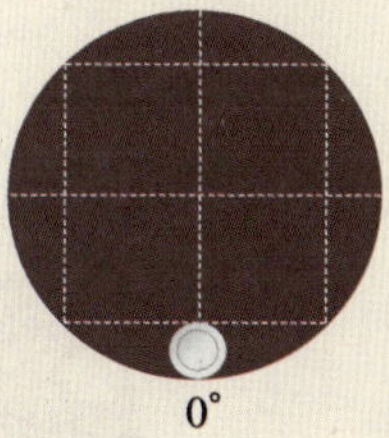 
2	按顺时针进行定位，先定位36°位置的骨碟	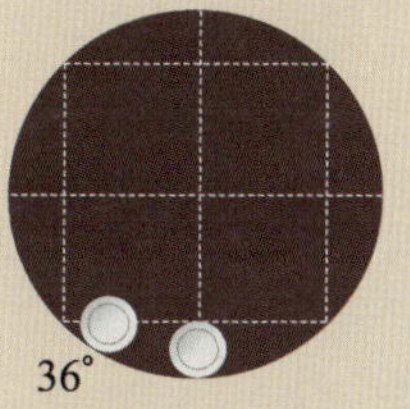 
3	72°位置的骨碟	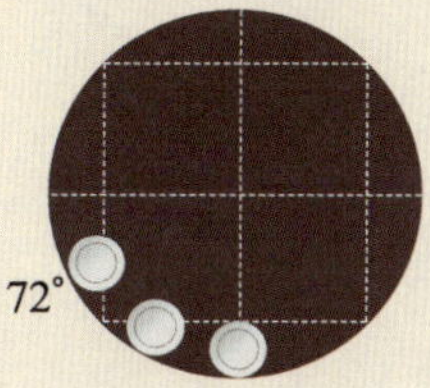 

序号	动作要点	图示
4	108°位置与 72°位置关于中心十字线横轴对称	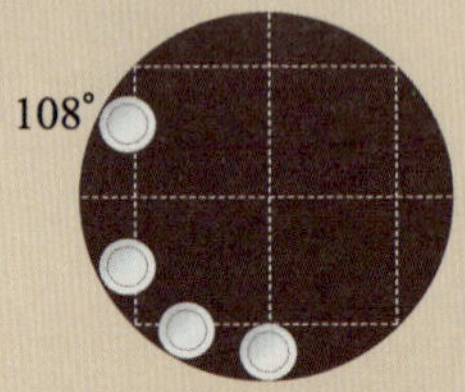 
5	144°位置与 36°位置关于中心十字线横轴对称	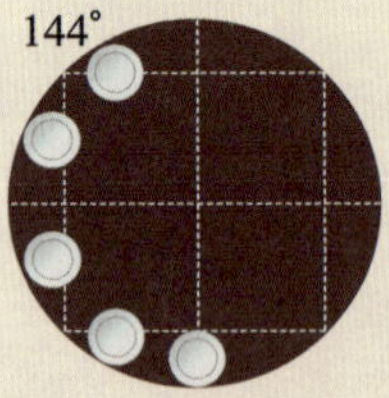 

餐饮服务与管理

序号	动作要点	图示
6	主人位、花瓶、副主人位三点一线	
7	等分台按凸线左右对敌	

【任务实训】

　　请同学分组根据操作流程和教师示范,进行 8 人台、9 人台、10 人台骨碟定位的任务实训,并按照下表中的评价要素进行打分。

序号	评价要素	配分	得分
1	从主人开始定位,按顺时针方向定位	25	
2	每组餐具间距相等	25	
3	餐具摆放合理、安全	25	
4	托盘使用时,注意安全,操作稳健	25	
	合计	100	

任务四　中餐零点台餐具摆放

【任务描述】

中餐零点台餐具摆放是摆台中步骤较多的任务，根据不同菜肴和酒水，餐厅所使用的餐具种类和摆放要求也不同。

【任务目标】

通过本任务的知识、技能学习和任务实训，使学生能够准确摆放餐具，完成中餐零点摆台。

【任务准备】

1. 知识准备

(1) 摆台要求与标准

① 餐用具摆放合理、整齐一致。

② 摆放形式既能达到标准要求，又能符合传统用餐礼仪习惯。

③ 既能符合规范，又具有艺术性。

④ 既能方便顾客用餐，又利于服务人员的席间服务。

(2) 摆台顺序

一般餐具的摆放顺序是由下至上，由左至右，从主人席位开始顺时针方向绕台进行摆放。

2. 物品准备

① 餐台、转台、餐椅、工作台。

② 规格台布。

③ 餐巾。

④ 花瓶、花篮或其他装饰物。

⑤ 骨碟、汤勺、口汤碗、筷子、筷架。

⑥ 水杯、葡萄酒杯。

⑦ 牙签。

⑧ 防滑托盘。

【操作流程】

序号	动作要点	图示
1	工作台准备	

序号	动作要点	图示
2	第一托盘:花瓶	
3	第二托盘:骨碟	
4	第三托盘:水杯、葡萄酒杯	 
5	第四托盘:口汤碗、汤勺、筷架、筷子、牙签	 

【任务实训】

请同学分组根据操作流程和教师示范,进行中餐零点摆台餐具铺设的任务实训,并按照下表中的评价要素进行打分。

序号	评价要素		配分	得分
1	摆台布： ① 正面朝上 ③ 主径线对准主位	② 台布居中 ④ 一次性成功	20	
2	放餐具： ① 从主人开始、顺时针 ② 每组餐具间距相等 ③ 餐具摆放合理、安全		20	
3	放台面小件： ① 布局合理 ③ 店标朝向顾客	② 间距相等 ④ 品种齐全	20	
4	拉椅让座： ① 从主宾开始、顺时针 ② 座椅间距相等 ③ 座椅对准餐具 ④ 椅子外延垂直于桌布		20	
5	操作动作： ① 动作熟练 ③ 托盘安全 ④ 拿餐具、酒具时注意卫生	② 声音轻	20	
	合计		100	

知识链接

餐具摆放规则

　　拿餐具要讲究清洁卫生，在铺设餐具、酒具时要做到：餐盘拿边，调羹拿柄，杯子拿底部。在操作时应尽量避免接触餐具的边缘部分，避免将手印留在餐具、酒具的表面，对不符合卫生标准的餐具，如：落地的餐具、有污渍的餐具必须进行更换。

任务五　中餐宴会摆台

【任务描述】

　　宴会是因习俗或社交礼仪需要而举行的宴饮聚会。人们通过宴会，不仅获得饮食艺术的享受,而且可增进人际间的交往。一张标准的宴会台是宴会顺利开展的前提。

【任务目标】

通过本任务的知识、技能学习和任务实训,使学生能够按照正确流程和标准,完成中餐宴会摆台。

【任务准备】

1. 知识准备

(1) 摆台要求与标准

① 餐用具摆放合理、整齐一致。

② 摆放形式既能达到标准要求,又能符合传统礼仪习惯。

③ 既能符合规范,又具有艺术性。

④ 既能方便顾客用餐,又利于服务人员的席间服务。

(2) 摆台顺序

一般餐具的摆放顺序是由下至上,由左至右,从主人席位开始顺时针方向绕台进行摆放。

2. 物品准备

① 餐台、转台、餐椅、工作台。

② 规格台布。

③ 餐巾。

④ 花瓶、花篮或其他装饰物。

⑤ 骨碟、味碟、汤勺、口汤碗、筷子、筷架。

⑥ 水杯、葡萄酒杯、白酒杯。

⑦ 牙签。

⑧ 公用餐具(筷子、筷架、汤勺各2套)。

⑨ 防滑托盘。

【操作流程】

序号	动作要点	图示
1	工作台准备	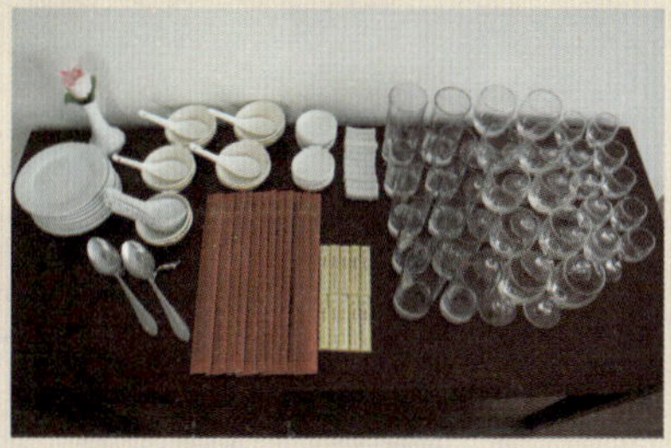

序号	动作要点	图示
2	第一托盘:花瓶	
3	第二托盘:骨碟	 
4	第三托盘:口汤碗、调羹、味碟、牙签、筷架、筷子、公用餐具	  
5	第四托盘:葡萄酒杯、利口杯	 

餐饮服务与管理

序号	动作要点	图示
6	第五托盘：水杯。 拉椅	

【任务实训】

请同学分组，根据操作流程和教师示范进行中餐宴会摆台的任务实训，并按照下表中的评价要素进行打分。

序号	评价要素	配分	得分
1	摆台布： ① 正面朝上　② 台布居中 ③ 主径线对准主位　④ 一次性成功	20	
2	放餐具： ① 从主人开始、顺时针 ② 每组餐具间距相等 ③ 餐具摆放合理、安全	20	
3	放台面小件： ① 布局合理　② 间距相等 ③ 店标朝向顾客　④ 品种齐全	20	
4	拉椅让座： ① 从主宾开始、顺时针 ② 座椅间距相等 ③ 座椅对准餐具 ④ 椅子外延垂直于桌布	20	
5	操作动作： ① 动作熟练　② 声音轻 ③ 安全使用托盘 ④ 拿餐具、酒具时注意卫生	20	
	合计	100	

模块二　餐前服务

任务六　西餐早餐摆台

【任务描述】

西餐早餐一般采用自助餐的形式,由客人自主选择,用餐形式较随意,西餐早餐摆台也是按便餐的标准摆设。

【任务目标】

通过本任务的知识、技能学习和任务实训,使学生能够按照正确流程和标准,完成西餐早餐台摆台。

【任务准备】

1. 物品准备

餐具名称	用途介绍	图示
展示盘	① 餐厅一般使用直径25 cm白色瓷质平盘作为展示盘,也可使用大于25 cm的其他颜色; ② 多用于午、晚餐摆台或宴会摆台,可根据各种不同的需求选用具有独特风格的花色图案的展示盘来搭配烘托餐厅的气氛; ③ 在摆台时可作为餐具摆放定位之用,摆放在餐位居中位置	
面包盘	① 通常使用直径15 cm的白色瓷质平盘; ② 用餐时用来摆放面包,是各类西餐摆台的必用餐盘,摆放在餐位的左侧	

餐具名称	用途介绍	图示
餐刀、餐叉	通常配套一起使用,早餐时用做食用除煮鸡蛋以外的各种蛋类、肉类等的餐具	
浓汤匙	通常与双耳汤杯配套使用,早餐时作食用麦片粥等食品的餐具	
黄油刀	用作切黄油、奶酪等	
水杯	用来斟倒各类果汁和水	
咖啡壶	用来盛装咖啡	

餐具名称	用途介绍	图示
咖啡杯	由咖啡杯、咖啡碟和咖啡匙一起配套使用	
其他	盐瓶、胡椒瓶、奶盅、糖盅	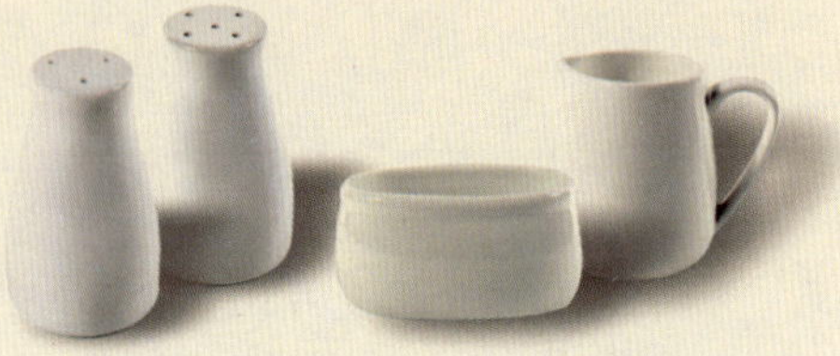

【操作流程】

序号	动作要点	图示
1	铺设台布:略	
2	展示盘:展示盘定位正确,距离桌边 1～2 cm	

餐饮服务与管理

序号	动作要点	图示
3	餐刀、餐叉:在展示盘左侧放置餐叉,右侧放置餐刀,餐刀刀刃方向朝左;餐刀、叉分别距离展示盘1 cm,与桌边距离同展示盘; 面包盘、黄油刀:面包盘摆放在餐叉的左侧,距离餐叉1 cm,面包盘中心和展示盘中心与桌边在同一平行线上;黄油刀搁于面包盘中心线右侧1/3处,刀口向左与餐刀、叉平行	
4	咖啡杯具:咖啡杯置于咖啡碟上,摆放在餐刀尖右上方,距离餐刀2 cm;咖啡杯杯口向下,杯柄向右呈90°;咖啡匙放置于咖啡杯的外侧,搁于咖啡碟上,与咖啡杯呈45°; 水杯:水杯在咖啡杯左侧2 cm	
5	花瓶、调味品:花瓶放置于餐桌居中位置,靠墙的餐桌可放在靠墙一边的餐桌上;盐瓶和胡椒瓶放在花瓶的左面,离花瓶5 cm处与桌边平行,盐瓶放在胡椒瓶的上方,间距1 cm	

【任务实训】

　　请同学分组,根据操作流程和教师示范进行西餐早餐摆台的任务实训,并按照下表中的评价要素进行打分。

模块二　餐前服务

序号	评价要素		配分	得分
1	摆台布： ① 正面朝上； ③ 主径线对准主位；	② 台布居中； ④ 一次性成功	20	
2	放餐具： ① 从主人开始、顺时针； ② 每组餐具间距相等； ③ 餐具摆放合理、安全		20	
3	放台面小件： ① 布局合理； ③ 店标朝向顾客；	② 间距相等； ④ 品种齐全	20	
4	拉椅让座： ① 从主宾开始、顺时针； ② 座椅间距相等； ③ 座椅对准餐具； ④ 椅子外延垂直于桌布		20	
5	操作动作： ① 动作熟练； ③ 安全使用托盘； ④ 拿餐具、酒具时注意卫生	② 声音轻；	20	
	合计		100	

任务七　西餐宴会摆台

【任务描述】

西餐宴会摆台是和当日菜单一一对应的，所以必须在熟悉当日菜单的前提下完成。如果出现差错，会对客人就餐及服务人员的服务造成严重的影响。

【任务目标】

通过本任务的知识、技能学习和任务实训，使学生能够按照正确的流程和标准，完成西餐宴会摆台。

【任务准备】

1. 知识准备

① 左叉右刀，先里后外，刀口朝盘，各种餐具成线，餐具与菜肴配套。

② 花瓶放在桌子中央,花瓶前摆盐和胡椒,左盐右椒。

③ 摆台前,应将摆台所用的餐具、酒具进行检查,发现不洁或有破损的餐具要及时更换,用时要保证用品符合干净、光亮、完好的标准。

④ 摆放时,手不可触摸盘面和杯口。摆台时,要用托盘盛放餐具、酒具及用具。

⑤ 摆放金、银器皿时应佩戴手套,保证餐具清洁,防止污染。

2. 物品准备

餐具名称	用途介绍	图示
展示盘	① 餐厅一般使用直径 25 cm 的白色瓷质平盘作为展示盘,也可使用大于 25 cm 的其他颜色; ② 多用于午、晚餐摆台或宴会摆台,可根据各种不同的需求选用具有独特风格的花色图案的展示盘来搭配烘托餐厅的气氛; ③ 在摆台时可作为餐具摆放定位之用,摆放在餐位居中位置	
面包盘	① 通常使用直径 15 cm 的白色瓷质平盘; ② 用餐时用来摆放面包,是各类西餐摆台必用的餐盘,摆放在餐位的左侧	
刀、叉	通常配套一起使用,有主刀、主叉,前菜刀、前菜叉,鱼刀、鱼叉等	

餐具名称	用途介绍	图示
甜品叉、甜品匙	用作吃甜点、水果等	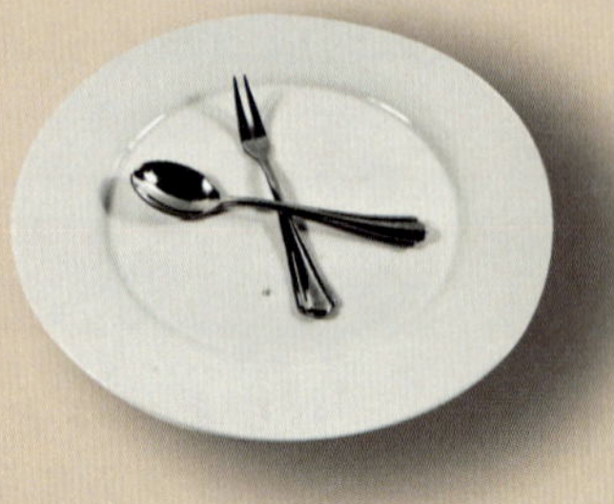
汤匙	通常与双耳汤杯配套使用,早餐时作食用麦片粥等食品的餐具	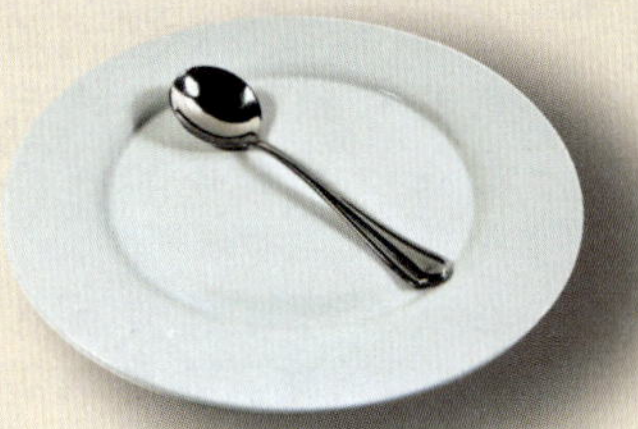
黄油刀	用作切黄油、奶酪等	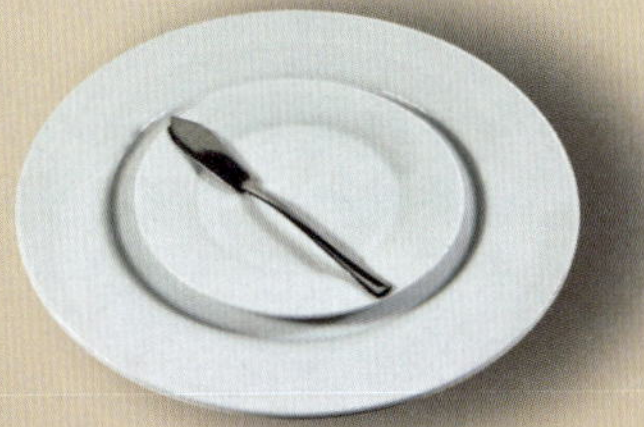
水杯	用来斟倒各类果汁和水	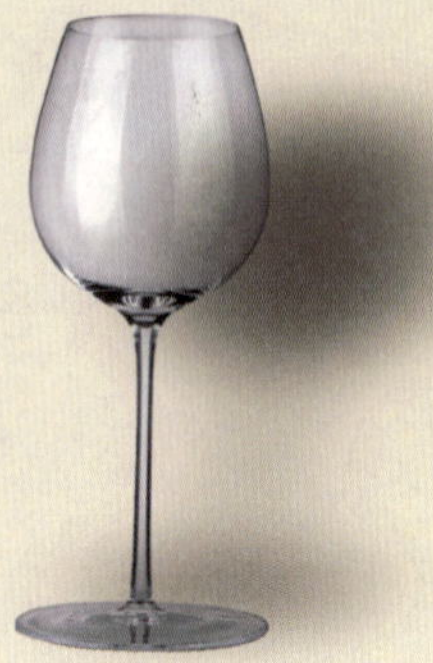

餐具名称	用途介绍	图示
咖啡杯具	由咖啡壶、咖啡杯和咖啡碟一起配套使用	
咖啡匙	喝咖啡时用来搅拌糖和牛奶	
其他	盐瓶、胡椒瓶、奶盅、糖盅等	

【操作流程】

序号	动作要点	图示
1	展示盘:可用托盘端托,也可用左手垫好口布,口布垫在盘底,把展示盘托起,从主人位开始,按顺时针方向用右手将餐盘摆放于餐位正前方,盘内的店徽图案要端正,盘边距桌边1.5 cm,餐盘间的距离要相等	

模块二　餐前服务

序号	动作要点	图示
2	面包盘、黄油盅:在展示盘左侧 10 cm 处摆面包盘,面包盘与展示盘的中心轴取齐。黄油盅摆在面包盘右前方,距黄油刀 2 cm,图案要摆正	
3	餐刀、叉、勺:从展示盘的右侧按顺序摆放餐刀、叉、勺。摆放时,应用拿刀、叉、勺的柄部,从主刀开始摆。 ① 主刀摆放于展示盘的右侧,与餐台边呈垂直状,刀柄距桌边 1 厘米,刀刃向左,与展示盘相距 1 厘米。 ② 鱼刀、汤勺、头盘刀,摆放间距 0.5 厘米,手柄距桌边 1 厘米,刀刃向左,勺面向上。 ③ 主叉放于展示盘左侧,与展示盘相距 1 厘米,叉柄距桌边 1 厘米。 ④ 摆放鱼叉时,鱼叉柄距桌边 5 厘米,叉头向上突出;头盘叉(开胃叉)叉面向上,叉柄与主叉柄平行;甜品叉,放在展示盘的正前方,叉尖向左与展示盘相距 1 厘米。 ⑤ 甜品勺,放在甜品叉的正前方,与叉平行,勺头向左,与甜品叉的叉柄相距 0.5 厘米。 ⑥ 黄油刀放在面包盘右侧 1/3 处,刀刃向左	
4	面包盘、黄油盅:在展示盘左侧 10 cm 处摆面包盘。面包盘与展示盘的中心轴对齐,黄油盅摆在面包盘右前方,距黄油刀 2 cm,图案要摆正	

餐饮服务与管理

序号	动作要点	图示
5	花瓶、蜡烛台和盐瓶、胡椒瓶:西餐宴会一般会摆一个花瓶、两个蜡烛台,花瓶放在西餐台的正中,蜡烛台摆在台布的中线上、餐台两侧适当的位置。胡椒瓶、盐瓶要在台布中线上按左椒右盐对称摆放,瓶壁相距1 cm,瓶底与蜡烛台台底距离2 cm	

【任务实训】

请同学分组根据操作流程和教师示范,进行西餐宴会摆台的任务实训,并按照下表中的评价要素进行打分。

序号	评价要素	配分	得分
1	摆台布: ① 正面朝上;　　② 台布居中; ③ 主径线对准主位;　④ 一次性成功	20	
2	放餐具: ① 从主位开始、顺时针; ② 每组餐具间距相等; ③ 餐具摆放合理、安全	20	
3	放台面小件: ① 布局合理;　　② 间距相等; ③ 店标朝向顾客;　④ 品种齐全	20	
4	拉椅让座: ① 从主宾开始、顺时针; ② 座椅间距相等; ③ 座椅对准餐具; ④ 椅子外延垂直于桌布	20	
5	操作动作: ① 动作熟练;　　② 声音轻; ③ 安全使用托盘;　④ 拿餐具、酒具时注意卫生	20	
	合计	100	

模块三　接待服务

模块学习目标

　　随着现代社会餐饮服务业的日益发展，人们对服务水平的要求越来越高，餐饮业的接待服务是服务质量、服务态度的直接表现，其中餐厅服务水平更是餐饮业服务水平的缩影，接待服务要求包括：讲究接待礼仪，注重点菜服务质量，能够体现服务人员的优质服务。

项目一 礼仪接待

> **项目描述**
>
> 　　顾客对餐厅的评价除了来自于餐厅的装修、菜肴的质量等硬件的印象外，很大程度上也取决于员工的礼仪接待。
>
> **项目目标**
>
> 　　作为酒店餐饮部的实习生，要提高自身的礼仪接待水平，适应新岗位的要求，更好地为客人提供服务。

任务一　迎宾准备

【任务描述】

　　迎宾准备是接待服务的第一步，迎宾员的礼仪准备包括迎宾员的仪表和仪容。本任务中通过教师的示范教学，让学生掌握迎宾准备的操作。

【任务目标】

通过本任务的知识、技能学习和任务实训，使学生能够准确地完成迎宾准备的操作。

【任务准备】

1. 知识准备

　　① 熟悉当日菜单。熟悉菜单可以帮助服务员在客人面前推销餐厅的招牌菜，对提高餐厅的知名度和提高餐厅的营业额都有很大的作用。

　　② 熟悉预定情况。例如：预定的桌次、人数、订餐的要求等。

　　③ 迎宾准备的要求：仪表整洁、仪容端庄、仪态大方。

2. 物品准备

　　① 工装。

　　② 工牌。

　　③ 黑皮鞋。

【操作流程】

饭店餐饮部迎宾员的礼仪准备包括迎宾员仪表和仪容两方面。

1. 迎宾员仪表要求

序号	迎宾员仪表	图示
1	服装要整齐、清洁、佩戴公牌标志上岗	
2	女迎宾员穿裙子或旗袍,不可露出袜口,应穿肉色袜子	
3	男迎宾员系领带时,要将衣服的下摆扎进裤子里。衬衣也要穿淡颜色的,并保持整洁,领带扎正	
4	鞋子穿黑色的皮鞋或布鞋,皮鞋擦油,保持光亮,布鞋保持干净、整洁	

2. 迎宾员仪容要求

序号	迎宾员仪容	图示
1	仪容亲切和蔼，端庄大方	
2	指甲要经常修剪，不留长指甲，不涂指甲油	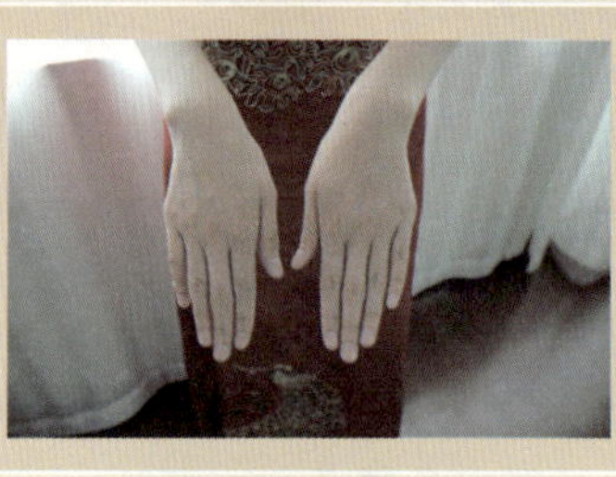
3	男士不留长发，发长不超过耳朵和后衣领，每天上班前刮脸修面，保持整洁。女服务员不留披肩发和怪异发型，头发要整齐	
4	女迎宾员上班可以淡妆打扮，但不准戴手镯、手链、戒指、耳环及夸张的头饰，项链不外露	

序号	迎宾员仪容	图示
5	男女均不准戴彩色眼镜和饭店规定以外的物品和装饰品	

【任务实训】

请同学分组根据操作流程和教师示范,进行迎宾准备的任务实训。

知识链接

礼仪姿态的标准

序号	姿态	图示
1	站姿:体现出优美和典雅	

模块三　接待服务

序号	姿态	图示
2	坐姿:坐姿要端正	
3	步姿:步态应轻盈	
4	蹲姿:使用高低式蹲姿	

任务二　迎宾程序

【任务描述】

迎宾程序包括领位准备、领位服务、送客服务三个操作步骤。通过教师的示范教学,让学生掌握迎宾程序。

【任务目标】

通过本任务的知识、技能学习和任务实训,使学生能够准确地完成迎宾程序的操作。

【任务准备】

1. 知识准备

① 准备菜单:迎宾员在迎客准备前,用干净的布擦拭菜单,将菜单整理好。

② 清洁衣帽间:由专人负责清洁衣帽间,准备好衣帽架。

③ 迎宾程序的要领:提前到岗、微笑问候、注重礼仪、礼貌送客。

2. 物品准备

① 菜单若干。

② 工装、工牌。

【操作流程】

序号	流程	图示
1	领位准备: 在正式开餐前整理个人卫生,洗脸、洗手、刷牙,女迎宾领位员化淡妆,着装整洁,仪容仪表端庄、大方,心情舒畅,面带微笑,提前5分钟上岗,准备迎接顾客	

模块三　接待服务

序号	流程	图示
2	领位服务： 顾客来到餐厅门口时，要主动热情迎接。迎接语言亲切，态度和蔼。随后询问顾客人数，是否有订餐、订位等服务，语言要规范。迎宾顺序坚持按顾客到达先后顺序迎接，同一批顾客做到先主宾、主人，后随员；先女宾，后男宾，符合礼仪顺序	
3	送客服务： 顾客用餐结束来到餐厅门口时，主动问候，征求意见。主动告别顾客并欢迎顾客再次光临	

【任务实训】

请同学分组根据操作流程和教师示范，进行迎宾程序的任务实训。

餐饮服务与管理

常用迎宾英语

Related Words 相关词汇			
restaurant 餐厅	meeting room 会议室	receive room 会客厅	cloakroom 衣帽间
sofa 沙发	table 桌子	chair 椅子	paper 纸
pen 笔	elevator 电梯	stairs 楼梯	floor 楼层

Useful Expressions 常用表达	
take the elevator 乘电梯	go upstairs 上楼

Key Sentences 关键句

Good morning. Nice to meet you. Come inside please.
早上好,见到你很高兴,请里边坐。

Good afternoon, ladies and gentlemen. Please follow me, kids. Be careful to the stairs.
下午好,先生们、小姐们。小朋友请跟我来。小心台阶。

Good evening. This way please. You are welcome.
晚上好,这边请。不客气。

Hello. Welcome. Please go upstairs. Would please sit here?
你好,欢迎光临。楼上请,请坐这里好吗?

Thank you for your generous praise.
谢谢你的夸奖。

Please take the elevator to the second floor. The Chinese restaurant is there.
请坐电梯去二楼,中餐厅就在那里。

模块三 接待服务

【任务拓展】

经过课堂学习,请同学与自己的小组成员一起进行自查和互查,看看作为未来的餐厅员工,目前你的仪容和仪表都符合餐饮岗位的要求吗?如果不符合,请同学说说将通过何种方式进行改进。

仪容	自查评价		
头发	★	★★★	★★★★
指甲	★	★★★	★★★★
着装	★	★★★	★★★★

仪表	自查评价		
站姿	★	★★★	★★★★
坐姿	★	★★★	★★★★
蹲姿	★	★★★	★★★★
走姿	★	★★★	★★★★

餐饮服务与管理

项目二　点菜服务

项目描述

点菜是客人购买酒店餐饮产品的最早阶段，它关系到整个服务过程的成败。如果点菜的服务不周到，客人很可能会拂袖而去，甚至可能对餐厅的整个服务不满。

项目目标

掌握餐厅服务员点菜的基本程序、基本要求和服务方法。

任务一　点菜服务准备

【任务描述】

点菜服务准备是点菜服务的第一步，通过认识菜单、点菜单、点菜注意事项，让学生掌握点菜服务准备中的准备菜单、熟悉菜肴、知晓烹调方法及口味、了解菜品原料的配制等服务环节。

【任务目标】

通过本任务的知识、技能学习和任务实训，使学生能够准确地完成点菜服务准备操作。

【任务准备】

1. 知识准备

① 菜单是消费者和接待者之间的沟通工具。要认识菜单的构成，知道菜肴、饮料、价格计量单位和质量，做到心中有数。

② 认识点菜单。要认识菜单的构成，知道点菜单是餐厅服务员记录客人菜肴的重要单据。

③ 点餐"三要一注意"。

要点一：荤素搭配。

荤菜主要指动物性食物，包括肉、禽、蛋、鱼、乳类等。点餐时尽量每种食物种类都照顾到，至少 10 个菜中应有 3 种以上的动物性食物。营养学讲蛋白质互补作用，即将几种荤素来源不同的蛋白质混合食用，可使混合蛋白的氨基酸成分大大提高，从而提高食物蛋白质的吸收率。餐桌上所吃的食物种类要广泛，比如说可以搭配鸡、鱼、虾、蛋、猪肉，搭配多样化，营养更全面。

荤菜在制作时往往加些青椒、胡萝卜、圆葱等作为配菜，这些配菜富含维生素 C、核黄素及硫胺素等营养素。

除了荤菜外，素菜应尽量占 2 种以上，最好是选择有荤有素的搭配菜。菜品按根、茎、叶、花、果等种属来选择，正常成年人每天需要总量为 300 克至 500 克的菜肴，午晚餐每餐应为 150～200 在，"深色蔬菜"最好要占总菜量的一半。深色蔬菜指深绿色、红色、橘红色、紫红色蔬菜，它们富含胡萝卜素，是中国居民维生素 A 的主要来源。

要点二：色彩搭配。

红色食物大多富含天然铁质及维生素 C，如：樱桃、大枣、西瓜、蕃茄、红色彩椒等，可改善面色苍白等贫血症状。紫色食品，如：甘蓝、茄子以及紫菜都是含碘丰富的食品，可纠正碘缺乏症。黑色食物，如：木耳、蘑菇、黑米、黑豆、黑芝麻等，含有铁、钙、锰、锌等多种矿物质，还含有不饱和脂肪酸，具有养颜润肤的作用。黄色食物是核黄素及胡萝卜素的天然来源，玉米、桃、哈密瓜、南瓜、菠萝及大部分橙类水果含量丰富，具有提高免疫力的功能。大部分绿色食物都含有膳食纤维，如：韭菜、菠菜、小白菜、茼蒿、油麦菜等能清理肠胃，防止便秘。白色食品，如：豆腐、牛奶等都是钙质丰富的食物。

要点三：粗细搭配。

主食主要指粮谷类和薯类食物，可以提供丰富的碳水化合物，是身体不可或缺的能量之源。主食应粗细搭配，在每天 250～400 克的主食中尽量保证每天吃 25～50 克杂粮，最好是粮豆混食或粮薯混食。含膳食纤维较多的主食有糙米、玉米、麦片、薏米等。

④ 点菜服务准备的操作要领：准备菜单、熟悉菜肴、知晓方法、了解原料、掌握营养、介绍典故。

2. 物品准备

① 菜单若干；

② 健康膳食图；

③ 准备点菜单。

【操作流程】

序号	流程	图示
1	准备菜单	
2	熟悉菜肴	

序号	流程	图示
3	知晓烹调方法及口味	
4	了解菜品原料的配制及营养搭配	
5	掌握营养知识、药膳知识	
6	了解一些菜肴的典故，便于向客人介绍	

知识链接

1. 蔬菜与水果不能相互替代

　　蔬菜、水果都提供维生素和矿物质。尽管蔬菜和水果在营养成分方面有很多相似之处，但它们并不能相互替换。蔬菜品种远多于水果，而且多数蔬菜的维生素、矿物质、膳食纤维和植物化学物质含量高于水果，故推荐"每餐有蔬菜、每日吃水果"。

餐后水果基本是必备的,如果大家进餐时边吃边聊,进餐时间在 1 小时左右,你又不是吃得特别饱,完全不用担心餐后水果会增加肠胃负担。只有在吃饱饭后立即吃进很多水果,才会影响胃肠的消化能力,甚至会发生腹胀、腹泻、腹痛、恶心、便秘等不适感觉。

2. 人体必需的六大营养素

人体需要的六大营养素:糖、脂肪、蛋白质、水、无机盐和维生素。其中,前三者在体内代谢后产生能量,故又称产能营养素。六大营养素主要来自九大类食物:谷类、蛋类、奶类、根茎类、肉类、鱼虾和贝类、豆类、干果类、蔬菜和瓜果类。

3. 食物金字塔

食物金字塔(Food Pyramid)是根据人体的生理特征及所需要的各类食物量而做成的一个金字塔。美国农业部(USDA)在 1992 年正式发布《食物金字塔指南》,目的是指导美国公民正确地选择饮食,以保持健康的身体和减少患慢性病的危险。

在现有知识的基础上,人们又提出了另一种食物金字塔指南。这一"新金字塔"强调通过日常锻炼和避免过量摄入产生热量的食物来保持体重。"新金字塔"建议人们的食物应主要包括:有益于健康的脂肪(液体植物油,如:橄榄油、加拿大菜籽油、豆油、谷物油、葵花籽油和花生油)和碳水化合物(全谷物食品,如:全麦粉、燕麦片和糙米);如果摄取的脂肪和碳水化合物都有益于健康,那么就不必太担心这两种物质所产生的热量太高;同时还应多吃水果和蔬菜。"新金字塔"鼓励人们摄取适当数量的、有益于健康的蛋白质(坚果、豆类、鱼类、家禽和鸡蛋),但奶制品的摄入量应限制在每天1~2份。新饮食指南还建议少吃红肉类、黄油、精制谷物(包括白面包、白大米和意大利白面食)、土豆和糖类。

新饮食指南没有将反式脂肪酸包括在内,因为这种物质对人体健康有不利影响。此外,还建议大多数人摄取多维片,可以适量饮酒(受到健康原因或药物禁忌的除外)。后一项建议还指出,虽然过量饮酒对身体不好,但越来越多的研究结果表明,适量饮酒(包括葡萄酒、啤酒或烈酒)对心血管系统是有益的。

任务二 点菜服务

【任务描述】

点菜服务是餐间服务的主要环节,通过认识菜单、熟悉当日特色菜肴和菜肴的推销知识,让学生掌握中餐点菜流程、中餐点菜优先考虑的菜肴以及中餐点菜的禁忌。

【任务目标】

通过本任务的知识、技能学习和任务实训,使学生能够准确地完成点菜服务的准备操作。

【任务准备】

1. 知识准备

① 准备菜单、点菜单:点菜前准好菜单、点菜单、点菜笔,随时为客人服务。

② 熟悉当日特色菜肴:熟悉菜肴的用料、营养成分、味道和烹调方法等。

③ 菜肴的推销知识:

介绍菜肴、推销菜肴是餐饮活动的重要环节之一。在整个就餐活动中,如何根据不同宾客的心理,对不同菜点加以介绍,并实事求是、有的放矢地对菜肴进行阐述,满足宾客的需求,其中,掌握语言技巧十分重要,如果使用得当,可为酒店带来好的效益。

第一,应讲究职业道德,实事求是地介绍,对宾客负责,用真诚和高质量的菜肴回报宾客,才是服务宗旨。

第二,要对菜肴有足够的了解,对一些不足之外也要介绍,如:一些药膳菜肴,特别是大补之品,不适合儿童食用,应予说明,不要过分夸大一些菜肴的营养、功能等,以免误导。

第三,要善于听取宾客的意见,在其就餐前后,了解其对菜肴的看法,加以改进,进一步提高菜肴的质量,这也是提高业绩的好方法。

第四,要善于利用菜肴与宾客真诚交往,用高质量的菜肴与优质的服务留住宾客,争取更多的回头客带来长远的效益。

④ 点菜服务的操作要领:询问要求、消费观察、按序介绍、复述菜单、菜单备注、温馨提示、确认下单。

2. 物品准备

① 菜单。
② 点菜单。
③ 点菜笔。

【操作流程】

1. 中餐点菜流程

序号	点菜流程	要点
1	询问特殊要求	根据反馈的信息给客人介绍喜欢的菜品
2	观察消费能力	① 对有一定支付能力的顾客,可以介绍有餐厅特色的中档次菜式; ② 对支付能力一般的普通消费者,推销经济实惠的菜品
3	按照顺序介绍	介绍顺序一般是:特色菜、凉菜、热菜(分大菜、荤菜、汤、素菜)、小吃(主食)、酒水、饮料
4	复述菜单	点完菜后要向客人复诵一遍
5	菜单备注	① 客人未到齐时,菜单上应注明(叫菜); ② 赶时间的客人应注明(加快); ③ 有特殊要求的客人,注明如:不吃大蒜、不吃糖、不吃辣、不吃花生油、不吃猪肉等
6	温馨提示	① 客人点菜过多或在菜色、口味上重复时,应及时温馨地提醒客人; ② 若客人已点菜肴售罄时,及时告诉客人换菜,并推荐相似的菜品
7	确认下单	写清台号、桌数,与顾客再次确认后下单至厨房

2. 中餐点菜优先考虑的菜肴

序号	特色菜肴	例子
1	有中餐特色的菜肴	炸春卷、煮元宵、蒸饺子、狮子头、宫爆鸡丁
2	有本地特色的菜肴	西安的羊肉泡馍、湖南的毛家红烧肉、上海的红烧狮子头、北京的涮羊肉
3	本餐馆的特色菜	很多餐馆都有自己的特色菜

3. 中餐点菜的禁忌

序号	禁忌种类	要点
1	宗教的饮食禁忌	① 穆斯林通常不吃猪肉,并且不喝酒; ② 佛教不吃荤腥食品,包括葱、蒜、韭菜、芥末等气味刺鼻的食物

序号	禁忌种类	要　　点
2	出于健康原因	① 心脏病、脑血管、脉硬化、高血压和中风后遗症的人,不适合吃狗肉; ② 肝炎病人忌吃羊肉和甲鱼,胃肠炎、胃溃疡等消化系统疾病的人也不合适吃甲鱼; ③ 高血压、高胆固醇患者,要少喝鸡汤
3	不同地区,饮食偏好不同	① 湖南人普遍喜欢吃辛辣食物,少吃甜食; ② 英美国家的人通常不吃宠物类动物、稀有动物、动物内脏、动物的头部和脚爪; ③ 宴请外宾时,尽量少点生硬、需啃食的菜肴
4	特殊职业的特殊禁忌	① 公务员在执行公务时不准喝烈性酒; ② 驾驶员在工作期间不得喝酒

【任务实训】

　　经过课堂学习,请尝试为客人点菜服务,完成《学生实训手册》"实训二十三　为顾客提供点菜服务"(三冷四热两点)和"实训二十四　为顾客提供点菜服务"(五冷三热一点)的相关内容。

【任务拓展】

　　结合本单元所学技能,请尝试用英语为外国宾客提供餐饮服务。

知识链接

　　1. 点菜服务技巧

点菜技巧	特点	优点
按上菜顺序点菜(按流程点菜)	按照先冷后热,然后是汤类、主食、点心的顺序点菜	点菜效率高、注重各种搭配
按就餐人数点菜	据客人的人数来决定点多少菜肴	人越多搭配的菜肴种类越多
按消费习性点菜	不同地方的人,饮食习惯及口味等都是不一样	能根据客人的不同消费习性有效地推荐菜肴
按消费能力点菜	根据客人不同的消费层次及消费能力为客人推荐菜肴	针对不同的消费能力来有针对性地推荐
按照食品结构点菜	按照食品结构、类型有效组合搭配	能根据不同结构有效地进行组合及搭配
按照菜单搭配点菜	要注重营养结构	针对客人有效引导

2. 餐饮英语

Related Words 相关词汇			
plate 平盘	dish 餐盘	saucer 味碟	bowl 碗
spoon 汤匙	knife 餐刀	fork 叉	chopstick 筷子
tea tray 茶盘	tea pot 茶壶	tea set 茶具	caddy 茶罐
table cloth 桌布	napkin 餐巾	paper towel 纸巾	towel 毛巾
teacup 茶杯	glass 玻璃杯	coffee pot 咖啡壶	coffee cup 咖啡杯
ashtray 烟灰缸	flower 鲜花	menu 菜单	toothpick 牙签
pepper shaker 胡椒瓶	bread basket 面包篮	soup ladle 长把汤勺	tray 托盘

Useful Expressions 常用表达	
set the table 摆台	fold the napkin 餐巾折花
a set of fork and knife 一副刀叉	serve the tea/coffee 上茶/上咖啡

Key Sentences 关键句
Your napkin is dirty, and I will bring you a clean one. 您的餐巾脏了，我拿一块干净的给您。
Excuse me. May I change the plate for you? 打扰一下，给您换一下骨碟。

3. 点菜语言

流程	规范用语
点菜语言	① 跟随客人进入房间点菜："先生，您好！您看现在需要安排一下菜品吗？" ② 被叫点菜："先生，您好！对不起让您久等了，我来为您安排一下菜品吧！"
征询人数	① 标准点菜语言："您看今天几位客人？" ② 客人明示了几位，标准点菜语言："好的，根据人数给您安排几道凉菜几道热菜的菜量，您看可以吗？"

4. 点菜专业英语

Related Words 相关词汇			
meat 肉类	pork 猪肉	steak 牛排	mutton 羊肉
beef 牛肉	duck 鸭子	chicken 鸡	pigeon 鸽子
seafood 海鲜	lobster 龙虾	peeled prawns 虾仁	shrimp 对虾
crab 蟹	scallop 扇贝	squid 鱿鱼	sea cucumber 海参
oyster 牡蛎	abalone 鲍鱼	salmon 三文鱼	cod 银鳕鱼
yellow croaker 黄鱼	pomfret 鲳鱼	Shark's fin 鱼翅	bass 鲈鱼
vegetable 蔬菜	lettuce 生菜	broccoli 花椰菜	spinach 菠菜
mushroom 蘑菇	bamboo shoot 冬笋	bean curd 豆腐	string bean 四季豆
greens 青菜	celery 芹菜	asparagus 芦笋	kale 甘蓝菜
sweet pepper 甜椒	yam 山药	pumpkin 南瓜	pea 豌豆
potato 土豆	tomato 蕃茄	carrot 胡萝卜	sprout 豆芽
fruit 水果	apple 苹果	banana 香蕉	watermelon 西瓜
pear 梨	lemon 柠檬	orange 橙子	pineapple 菠萝
peach 桃子	grape 葡萄	mango 芒果	cherry 樱桃
pitaya 火龙果	papaya 木瓜	strawberry 草莓	kiwi fruit 猕猴桃
way of cooking 烹调方法	steamed 清蒸的	boiled 水煮的	toasted 烘烤(面包)
roasted 烧烤(肉类)	smoked 烟熏的	stewed 炖的	fried 煎的
sauce 酱汁,调味	salt 盐	sugar 糖	ketchup 蕃茄酱
vinegar 醋	marmalade/jam 果酱	soy sauce 酱油	oyster oil 蚝油
gourmet powder 味精	pepper 胡椒粉	chili sauce 辣椒油	curry 咖喱
taste 口味	crispy 脆的	sweet 甜的	salty 咸的
sweet and sour 甜酸	sour piquant 酸辣	hot and spicy 麻辣	bitter 苦的
Key Sentences 关键句			

Here is the menu. Please take your time. 这是菜单,请慢慢看。

May I take your order? 请问可以为您点单了吗?

Will you have Chinese food or western food today? 你今天吃西餐还是中餐?

Today's special is roast suckling pig. 今日的特价菜是烤乳猪。

Key Sentences 关键句
The Yangcheng Lake crab is very famous. 阳澄湖大闸蟹很有名。
I was told the celery is good for health. 听说芹菜对健康有利。
We have mushroom soup today. 今天我们有蘑菇汤。
Sichuan cooking is famous for its hot and spicy food. 川菜因其香辣的菜肴而著称。
Cantonese food is light，while southern food is sweet. 粤菜口味清淡，而南菜口味偏甜。

餐饮服务与管理

模块四　餐间服务

模块学习目标

点完酒菜后，接下来就是餐间服务了，这是服务员接触客人时间最长的一个服务阶段，它要求服务员在服务过程中要规范化和标准化，正确地处理好每一个服务环节。因为服务员的一个动作、一种表情、一句话，都会给整个服务过程带来影响，关系到服务的整体效果。

项目一　上菜服务

项目描述

　　上菜和分菜是餐间服务的重要环节。上菜对服务人员的技能要求较高,对于上菜程序、上菜位置、服务节奏、菜肴台面图案等均有要求。中餐和西餐因用餐程序和习惯有所不同,因此,服务员要熟练掌握中餐和西餐的上菜程序,并区别异同。

项目目标

　　通过完成本项目中的任务,让学生能够掌握上菜的技能。

任务一　中餐上菜

【任务描述】

　　中餐上菜主要包括上菜的原则、上菜位置、上菜时机和上菜注意事项,通过教师示范让学生掌握中餐上菜服务的操作要领。

【任务目标】

　　通过本任务的知识、技能学习和任务实训,使学生能够准确地完成中餐上菜操作。

【任务准备】

1. 知识准备

(1) 中餐上菜的原则

- 先冷菜,后热菜;
- 先荤菜,后素菜;
- 先浓味菜,后清淡菜;
- 先咸味菜,后甜味菜;
- 先干菜,后汤菜;
- 先菜肴,后点心、水果。

(2) 上菜位置

　　上菜、撤盘一定要在席次上正副主人位两侧 90°角的两个席位之间进行。要注意避开孩童、老人和女士。

(3) 上菜时机

- 冷菜在客人点单后应尽快送上。
- 当冷菜用去三分之二时,便可上第一道热菜。
- 注意上菜的节奏,防止出现空盘空台的情况。

(4) 上菜注意事项

- 注意色彩的搭配:色彩相同的菜肴不能放在一起。
- 注意口味的搭配:口味相近的菜肴要分开上。

● 注意荤素的搭配：尽量做到营养均衡、合理膳食。

2. 物品准备

① 托盘若干。

② 菜肴若干。

③ 铺设好的中餐台。

【操作流程】

1. 中餐上菜步骤

序号	中餐上菜流程	图示
1	冷菜	
2	主菜	
3	热菜	
4	汤菜	

续　表

序号	中餐上菜流程	图示
5	点心	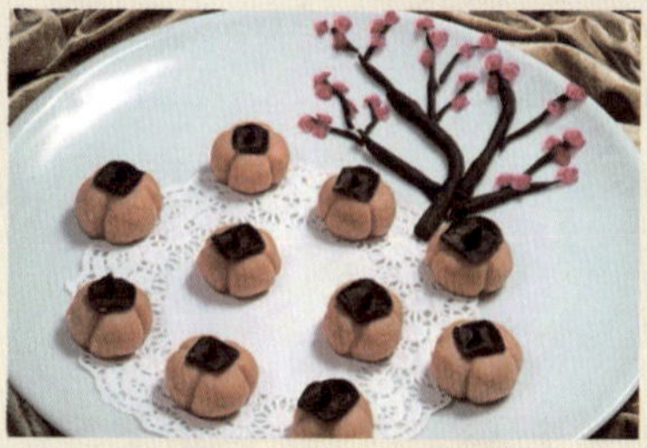
6	水果	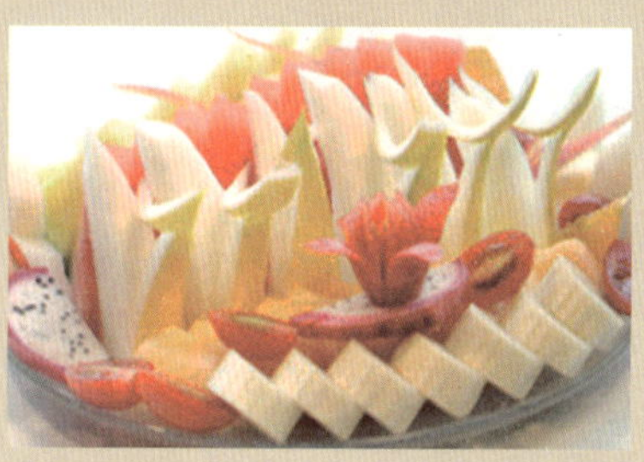

2. 中餐上菜的注意事项

序号	中餐上菜注意事项	图示
1	上菜姿势：丁字步、侧身站立	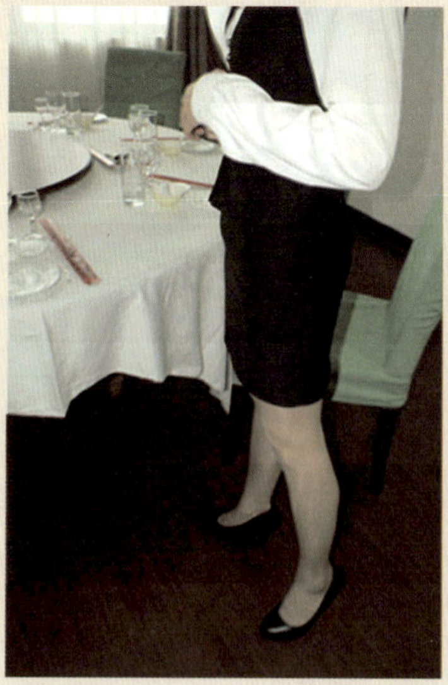

序号	中餐上菜注意事项	图示
2	上菜手势：左手托盘、右手拿盘，注意卫生	
3	运用转盘：转到主宾位和主人位之间	
4	报出菜名：××菜（使用普通话）	

模块四　餐间服务

序号	中餐上菜注意事项	图示
5	整理台面,准备上下一道菜	

【任务实训】

① 请同学分组,根据操作流程和教师示范进行中餐上菜(4 个冷菜、2 个热菜、1 个汤)的任务实训,并按下表中的评价要素进行打分。

② 请同学分组,根据操作流程和教师示范,进行中餐上菜(6 个冷菜)的任务实训,同时完成《学生实训手册》"实训二十六　中餐上菜(6 个冷菜)"的相关内容,并按下表中的评价要素进行打分。

餐饮服务与管理

序号	评价要素	配分	得分
1	运用托盘： ① 装盘合理、不叠菜盘； ② 托盘不进椅背； ③ 能根据盘内重量变化调整手势； ④ 卸菜时注意安全、卫生	25	
2	上菜动作： ① 上菜位置准确； ② 菜上台展示后，停位正确； ③ 菜盘在桌面上间距相等； ④ 手法卫生	25	
3	上菜顺序： ① 先上冷菜（注意荤素、色彩、刀工搭配）； ② 西餐先汤后菜、中菜先菜后汤； ③ 西餐先副菜后主菜、中菜先荤菜后素菜； ④ 先咸后甜	25	
4	报菜名： ① 每个菜都要报菜名； ② 语音语调合适； ③ "请"字当头； ④ 表情亲切自然	25	
合计		100	

【任务拓展】

利用所学的中餐上菜知识，通过网络，查找中餐婚宴菜单，尝试上菜。

知识链接

1. 上菜服务英语

Related Words 相关词汇			
appetizer 开胃菜	cold dish 冷盆	salad 沙拉	soup 汤
main course 主菜	sashimi 刺身	dessert 甜品	pudding 布丁
bread 面包	noodle 面条	cheese 奶酪	butter 黄油

Useful Expressions 常用表达	
eat . . . with 和……一起吃	enjoy your meal 用餐愉快
take your time 慢慢享用	serve the dish 上菜

Key Sentences 关键句
Your food will be here soon. 您的菜很快就好了。
The dish is cooked in this way. 这道菜是这样烧的。
May I explain this dish? 要我解释一下这道菜吗？
May I serve you the fish right now? 请问现在就上鱼吗？
You may eat the roast duck with this Chinese pancake. 你可以把烤鸭包在薄饼里一起享用。
The pot is really hot. Please be careful. 锅子非常烫，请当心。
This is your last course. Please enjoy your meal. 这是最后一道菜，请慢慢享用。
I will bring your desserts and coffee to you in a moment. 我马上为您拿来甜点和咖啡。

2. 人体必需的六大营养素

（1）蛋白质

蛋白质如果把人体当作一座建筑物，那么蛋白质就是构成这座大厦的建筑材料。人体的重要组成成分：血液、肌肉、神经、皮肤、毛发等都是由蛋白质构成的；蛋白质还参与组织的更新和修复；调节人体的生理活动，增强抵抗力；蛋白质还产生热量，为儿童的生长发育提供能源。

（2）脂肪

脂肪是组成人体组织细胞的一个重要组成成分，它被人体吸收后产生热量，是同等量蛋白质或碳水化合物能量的2倍；脂肪是人体内能量供应的重要的贮备形式；油脂还有利于脂溶性维生素的吸收，维持人体正常的生理功能；体表脂肪可隔热保温，减少体热散失，支持、保护体内各种脏器，以及关节等不受损伤。

（3）碳水化合物

碳水化合物是人体最主要的热量来源，参与许多生命活动，是细胞膜及不少组织的组成部分；维持正常的神经功能；促进脂肪、蛋白质在体内的代谢作用。

（4）维生素

维生素是维持人体正常生理功能必需的一类化合物，它们不提供热量，也不是机体的组成成分，但膳食中绝对不可缺少，如长期缺乏或不足某种维生素，可引起代谢紊乱，以至出现病理症状形成维生素缺乏症。

（5）无机盐

无机盐即无机化合物中的盐类，旧称矿物质，在生物细胞内一般只占鲜重的1‰至

1.5%，目前人体已经发现20余种，其中大量元素有钙Ca、磷P、钾K、硫S、钠Na、氯Cl、镁Mg(也称常量元素)，微量元素有铁Fe、锌Zn、硒Se、钼Mo、氟F、铬Cr、钴Co、碘I等。虽然无机盐在细胞、人体中的含量很低，但是作用非常大。为了维持体内正常水平的无机盐，需要注意饮食多样化，少吃动物脂肪，多吃糙米、玉米等粗粮，不要过多食用精制面粉。

（6）水

水是人类和动物(包括所有生物)赖以生存的重要条件。生命必需的各种物质及排除体内不需要的代谢产物都需要水来运转；水可以促进体内的一切化学反应；人体通过不知觉的水分蒸发及汗液分泌散发大量的热量来调节体温；关节滑液、呼吸道及胃肠道黏液均有良好的润滑作用，泪液可防止眼睛干燥，唾液有利于咽部湿润及吞咽食物。

3. 中餐上菜礼貌和习俗

按照我国的传统习俗，上整鸡、整鸭、整鱼时，应该注意"鸡不献头，鸭不献尾，鱼不献脊"。

上每一道菜时，服务员应站直后报出菜名，并向客人介绍菜肴特色，以活跃用餐气氛。

在上菜时还要保证每一道菜肴的造型和味道，在上桌时应该与厨师刚整理好的菜一样，不能有任何损坏。同时，还应注意要及时向客人介绍饮食注意事项，提醒顾客尽快品尝某些火候菜。

4. 菜品文化——佛跳墙

"佛跳墙"即"满坛香"，又名"福寿全"，是福州的首席名菜。据说，唐朝的高僧玄荃，在前往福建少林寺途中，传经路过"闽都"福州，夜宿旅店，正好隔墙贵官家以"满坛香"宴奉宾客，高僧嗅之垂涎三尺，顿弃佛门多年修行，跳墙而入一享"满坛香"。"佛跳墙"即因此而得名。

1965年和1980年，先后在广州南园和香港，以烹制佛跳墙为特色的福州菜引起轰动，在世界各地掀起了佛跳墙热。各地华侨开设的餐馆，多用自称正宗的佛跳墙来招徕顾客。佛跳墙还在接待西哈努克亲王、美国总统里根、英国女王伊丽莎白等国家元首的国宴上登过席，深受赞赏，此菜因而更加闻名于世。

任务二 西餐上菜

【任务描述】

西餐上菜包括西餐上菜的顺序、西餐用餐礼仪、上菜位置，通过教师的示范教学，让学生掌握西餐上菜的操作要领。

【任务目标】

通过本任务的知识、技能学习和任务实训，使学生能够准确地完成西餐上菜的操作。

【任务准备】

1. 知识准备

(1) 西餐上菜的顺序

① 面包、黄油；

② 前菜；

③ 汤；

④ 主菜；

⑤ 甜点和水果；

⑥ 咖啡和茶。

(2) 西餐用餐礼仪

序号	西餐用餐礼仪	图示
1	咀嚼食物时，一定要避免发出声音	
2	把刀和叉平行斜放在主菜盘上，是向主人或侍者表示可以把主菜餐盘拿走了	

序号	西餐用餐礼仪	图示
3	把刀和叉以八字形状放在主菜盘上,是向主人或侍者表示还要继续用餐,主菜餐盘不可拿走	

(3) 上菜位置

上菜、撤盘时一定要在客人的右侧,遵循右上右撤的原则。

(4) 西餐上菜要领

丁字步、侧身站、左手托、右手拿、搁盘上、报菜名、撤餐具。

2. 物品准备

① 托盘。

② 菜肴。

③ 铺设好的西餐台。

【操作流程】

序号	西餐上菜流程	图示
1	**面包、黄油** 在客人入座后,即可上面包篮,一般放在桌子中间,供客人自行取用,另可配上配合面包食用的黄油,有时也可以根据客人的要求提供橄榄油或醋。盘里的面包被客人取用后,应及时添入新的面包	

模块四　餐间服务

序号	西餐上菜流程	图示
2	**前菜** 根据不同菜品放好刀或勺,块状、片状菜肴放叉子,软菜、汤、汁菜肴放勺。当客人将刀叉合并在一起摆放时,表示已吃好,这时服务员可连同吃盘一起撤下	
3	**汤** 汤的上法一般有两种:一是把汤分盛在汤盘里,底下放垫盘,送给每位客人;另一种是将汤盘(垫底盘)放在客人面前,由服务员托着汤到每个客人面前取用。当客人将汤勺竖放时表示已吃完,可以撤餐具	
4	**主菜** 宴会上主菜有两种形式:一是将长盘放在餐台上由客人自取;另一种是由服务员托长盘到每个客人面前取菜。有时宴会的主菜因每位客人的选择各不相同,在厨房制作完毕装盒时即分好,服务员按每位客人点单时的选择上菜即可	
5	**甜点和水果** 最后一道热菜快吃完时上甜点。这时除甜点叉、果刀、茶匙外,其余餐具都要撤下。在用过甜点后,将桌面餐具、菜盘全部撤下,即可上甜点水果	

序号	西餐上菜流程	图示
6	**咖啡和茶** 一般是先把牛奶、糖罐摆在中间，而后根据客人的选择上咖啡或红茶	

2. 西餐上菜注意事项

序号	西餐上菜注意事项	图示
1	上菜姿势：丁字步，侧身站立	
2	上菜手势：左手托盘、右手拿盘，注意卫生	

模块四 餐间服务

餐饮服务与管理

序号	西餐上菜注意事项	图示
3	将菜放在展示盘上	
4	报出菜名：×××菜（使用普通话）	
5	整理台面：撤走餐盘和餐具	

【任务实训】

① 请同学分组,根据操作流程和教师示范进行西餐上菜(一冷菜、一汤、一主菜)的任务实训操作。

② 请同学分组根据操作流程和教师示范,进行西餐上菜(1副菜、1汤、1主菜)的任务实训操作,最后根据下表中的评价要素打分。

序号	评价要素	配分	得分
1	运用托盘: ① 装盘合理、不叠菜盘; ② 托盘不进椅背; ③ 能根据盘内重量变化调整手势; ④ 卸菜时注意安全、卫生	25	
2	上菜动作: ① 上菜位置准确; ② 将菜放上展示盘,停位正确; ③ 菜盘在桌面上间距相等; ④ 手法卫生	25	
3	上菜顺序: ① 先上冷菜(荤素、色彩、刀工搭配); ② 西餐先汤后菜、中菜先菜后汤; ③ 西餐先副菜后主菜、中菜先荤菜后素菜; ④ 先咸后甜	25	
4	报菜名: ① 每个菜都报菜名; ② 语音语调合适; ③ "请"字当头; ④ 表情亲切自然	25	
合计		100	

【任务拓展】

利用所学的西餐上菜技能,通过网络查找西餐宴会上菜菜单,并尝试上菜。

知识链接

法式上菜和美式上菜

法式上菜又称车式服务。服务员用小推车送上食物,这时食物在厨房内只进行了初加工,仅为半成品,上菜人员需要在客人面前,在小车上把半成品烧成食物并装盘,并调好调味汁,最后送给客人,所以上菜人员要有一定的专业技术。

美式上菜速度快，方法简便。客人入座后，从客人的右边斟倒酒水，送上面包、白脱、汤和开胃菜（色拉）等，再上主菜，一般是在厨房里装盘，放在托盘内送出，同时将汤和开胃菜盘从右边撤下。

任务三　中餐分菜

【任务描述】

中餐分菜涵盖了西餐分菜的顺序、分菜的主要事项，通过教师的示范教学，让学生掌握托盘分菜法、转台分菜法、旁桌式（工作台）分菜法三种分菜方法的操作要领。

【任务目标】

通过本任务的知识、技能学习和任务实训，使学生能够准确地完成中餐分菜操作。

【任务准备】

1. 知识准备

中餐分菜服务在用餐标准较高或是客人身份较高的宴会上，每道菜肴均需为客人分菜，一般宴会视情况分菜。

（1）分菜的顺序

分菜的顺序应是先宾后主，即先给主宾分菜，然后按顺时针方向依次分菜。

（2）分菜的注意事项

● 分菜要做到一勺准，不允许把一勺菜分给两位客人，更不允许从客人的盘中往外拨菜。

● 分菜是当着客人面进行的，直接影响客人的食欲，手法必须卫生。

● 服务员要在保证分菜质量的前提下，以最快的速度、最短的时间完成分菜工作。

● 分菜时，服务员要对用餐人数和菜肴的数量做到心中有数，分完后，盘中菜品应留下1位客人的食用量，以显示菜肴的宽裕。

● 对于需要佐料的菜肴，分菜时要配上佐料，并向客人略加说明。

（3）分菜操作要领

准备分菜工具、掌握分菜步骤、一勺准一叉准、留有分菜余地。

2. 物品准备

① 托盘。

② 菜肴。

③ 铺设好的中餐台。

④ 分菜工具：分菜勺、分菜叉、汤勺等。

⑤ 餐具若干。

【任务实训】

请同学分组,根据操作流程和教师示范进行中餐分菜的任务实训,同时完成《学生实训手册》"实训二十九　分红烧大乌参"(可用大片素鸡代替大乌参)、"实训三十　分鱼圆汤——转台式"、"实训三十一　分香菇炒菜心——旁桌式"、"实训三十二　分卷心菜丝——旁桌式"、"实训三十三　分胡萝卜丁——分让式"的相关内容,最后根据下表中的评价要素进行打分。

序号	评价要素	配分	得分
1	上菜动作: ① 不在主人、主宾左右上菜; ② 菜上台后转一圈,停在主人面前; ③ 菜在桌面上间距相等; ④ 拿菜的手法卫生	25	
2	报菜名: ① 用普通话准确报菜名; ② 声音大小合适; ③ "请"字当头; ④ 表情亲切自然	25	
3	分菜动作: ① 顺序先主宾,顺时针; ② 分菜动作、姿势符合要求; ③ 熟练运用分菜工具; ④ 手势、步伐符合要求	25	
4	分份均匀: ① 分派均匀; ② 留菜适量; ③ 一勺准; ④ 装盘一致	25	
	合计	100	

【任务拓展】

完成任务后,请在餐饮网上查阅相关资料,试分析中西方餐饮文化和习惯的不同。

项目二　斟酒服务

项目描述

斟酒是餐厅服务员必须掌握的服务技能之一,既要做到不滴不洒、不少不溢、又要做到姿势正确优雅。完整的斟酒服务除了要熟练掌握正确的斟酒方法,还要了解如何选择酒具和正确的开瓶方法。

项目目标

通过此项目的学习,同学们能独立完成托盘斟酒服务与徒手斟酒服务。

任务一　酒具的选择

【任务描述】

酒具的选择主要是根据不同种类的酒水搭配不同类型的酒杯,通过教师的示范教学,让学生掌握酒具的选择方法。

【任务目标】

通过本任务的知识、技能学习和任务实训,使学生能够准确地掌握酒具选择的操作。

【任务准备】

1. 知识准备

适合的酒杯能让葡萄酒的味道品尝起来更好。

酒具选择的要领:菜肴与酒水匹配、杯子与酒水匹配。

首先,不同的食物适合搭配不同的酒水。如:海鲜类食物适合搭配白葡萄酒;肉类食物适合搭配红葡萄酒。

其次,再根据不同的酒水选择合适的酒杯。

2. 物品准备

① 酒具。

② 酒杯。

【任务实训】

请同学分组,根据操作流程和教师示范进行选择酒具的任务实训,同时完成《学生实训手册》"实训三十四　酒具选择"的相关内容。

【任务拓展】
上网收集各种酒水资讯，将酒水照片制作成 PPT，展示给同学们看。

知识链接

六大基酒

1	金酒 Gin	源于荷兰，有强烈的杜松子味道，被称为香水酒
2	伏特加 Vodka	源自波兰，但最著名的产地是俄罗斯，特点是浓郁的酒精香味，外号 woman killer（妇女杀手）
3	朗姆酒 Rum	产自牙买加，用甘蔗做成，被称为糖蜜酒，电影中经常与航海与海盗联系到一起
4	龙舌兰酒 Tequila	产自墨西哥，有强烈的中药味，可以调制多种强劲风格的鸡尾酒
5	威士忌 Whisky	分为 Scotch Whisky（苏格兰威士忌），Irish Whisky（爱尔兰威士忌），Bourbon Whisky（波旁威士忌），Canadian Whisky（加拿大威士忌），多用于净饮，必须置于橡木桶中多年酿制，有烟熏味
6	白兰地 Brandy	一般在实际生活中很少有人用白兰地做鸡尾酒，即使调制鸡尾酒也最多使用 VSOP 等级的白兰地，多用于净饮，其中法国的干邑、雅文邑与玛尔最有名

任务二　正确的开瓶方法

【任务描述】

正确的开瓶方法包括检查酒水和选择正确的开瓶器，通过教师示范教学，让学生掌握不同酒水的正确开瓶方法。

【任务目标】

通过本任务的知识、技能学习和任务实训，使学生能够准确地掌握开瓶操作。

【任务准备】

1. 知识准备

(1) 检查酒水

序号	感官	检查效果
1	看	酒瓶是否干净、是否有裂缝、酒瓶上包装的新旧程度、有无破损、重要防伪标识有无破损、包装封口标志有无破损
2	摸	用手摸一下瓶颈附近,试一下有没有湿润的感觉
3	闻	放在距自己正前方约 25 公分处,轻吸一口气,闻一闻是否有酒味
4	对光	对光看一下瓶内是否有悬浮物、是否浑浊、是否有沉淀物

(2) 开瓶器的种类

开瓶器的种类有普通塑料开瓶器、酒刀、T 型开瓶器、电动开瓶器、台式开瓶器等。

(3) 正确的开瓶方法

白酒用 T 型开瓶器、红酒用酒钻、香槟柠松保险丝、饮料直接拧松即可。

2. 物品准备

① 各式酒。

② 各式开瓶器。

【操作流程】

序号	酒类	开瓶方法
1	白酒	① 不同的白酒瓶盖,开启方式不同
2	红酒、葡萄酒	① 切割签封:用酒刀划开瓶口处的封纸; ② 用服务巾擦净瓶颈和软木塞; ③ 正确使用开瓶器; ④ 取出瓶塞并将木塞放在一个小碟上,让客人过目; ⑤ 用服务巾的内侧擦拭瓶口,以免木屑落入客人酒杯
3	香槟	① 剥开封口的锡纸,右手握住瓶颈,用左手轻轻拧松保险丝; ② 右手捏住瓶口保险丝的拧环处,逆时针方向轻轻拧松保险丝; ③ 将保险丝完全拧松后,香槟酒的瓶塞会慢慢上移,此时应用左手握住瓶塞,防止瓶塞喷射出来; ④ 开启完毕,应用干净的口布将瓶口擦拭干净,然后将酒瓶放入冰桶,开启时应注意瓶口应朝向无客人的方向
4	花雕酒	① 先除去瓶口签封,然后把酒钻对准酒塞中心处用力钻入,利用杠杆原理把酒塞起出; ② 将酒塞和签封放在一个干净的骨碟上,用干净的口布擦拭瓶口; ③ 保持花雕酒的温酒:把花雕酒倒入花雕酒壶中,放进盛有热水的酒桶里

序号	酒类	开瓶方法
5	带气体的酒水和饮料	① 开饮料时,要征询客人的意见,按客人的意愿开瓶,不要一下全部打开; ② 开启带气体的酒水和饮料时,绝对不可朝向客人开启,以免酒水或饮料喷洒到客人身上; ③ 饮料啤酒可在工作台打开后放入托盘中,送上餐台

【任务实训】

请同学分组,根据操作流程和教师示范练习正确的开瓶方法。

任务三　中式徒手斟酒

【任务描述】

中式徒手斟酒要注意斟酒的方式、斟酒的顺序、斟酒的量、斟酒的时机,通过教师示范教学,让学生掌握中式徒手斟酒的要领。

【任务目标】

通过本任务的知识、技能学习和任务实训,使学生能够准确地掌握中式徒手斟酒的方法。

【任务准备】

1. 知识准备

(1) 斟酒的方式

主要有徒手斟酒和托盘斟酒两种方式。

(2) 斟酒的顺序

从主宾开始,按顺时针方向从客人的右侧斟酒。

(3) 斟酒的量

序号	酒的种类	斟酒量
1	白酒	八分满

序号	酒的种类	斟酒量	
2	啤酒	八分满	
3	白葡萄酒	2/3	
4	红葡萄酒	1/2	
5	矿泉水	八分满	

（4）斟酒的时机

● 在主人开席敬酒前斟酒,要注意确保每位客人杯中都有酒水。

● 主宾祝酒讲话时,服务员应当停止一切服务,站在适当的位置,端正站立,不可交头接耳。

● 宴席席间,留意客人饮用的情况,随时准备为其添加酒水。

（5）中式徒手斟酒操作口诀

示、压、抬、转、收、擦。

餐饮服务与管理

2. 物品准备

① 酒瓶。
② 酒杯。
③ 干净的餐巾。
④ 铺设好的中餐台。

【操作流程】

序号	操作要领	图示
1	示： 示酒时,酒瓶商标应朝向客人。	
2	压： 酒瓶与酒杯成 45°角,右手腕与食指相结合压住瓶颈	
3	抬： 斟酒完毕,将瓶口稍稍前倾,抬高 1 厘米,做一个停顿	
4	转： 顺势旋转 1/4 圈,使最后一滴酒液均匀地留在瓶口上	

序号	操作要领	图示
5	收： 从胸口的一侧以弧线路径收回酒瓶	
6	擦： 用餐巾布将分布在瓶口的酒液擦干净	

【任务实训】

请同学分组，根据操作流程和教师示范练习正确的徒手斟酒，并根据下表中的评价要素进行打分。

序号	评价要素	配分	得分
1	斟酒姿势： ① 握于瓶身的下三分之一处，商标朝外； ② 从顾客右边斟酒； ③ 酒瓶不要碰到酒杯； ④ 有收瓶、转瓶动作	25	
2	斟酒顺序： ① 先主宾，再主人； ② 顺时针进行斟酒； ③ 先红酒，再其他酒水	25	
3	斟酒数量： ① 斟7～8成满； ② 每杯数量均匀； ③ 一次性成功，不添杯	25	

序号	评价要素	配分	得分
4	不滴不溢： ① 不外滴； ② 不外溢	25	
	合计	100	

【任务拓展】

① 让学生练习是否能一次完成斟倒啤酒 8 分满，并请同学彼此分享斟酒的诀窍。

② 思考为什么红葡萄酒杯只需斟倒至酒杯 1/2 处。

知识链接

斟酒的礼节

依照惯例，要先给主人斟酒，得到主人许可后再开始给全桌一一斟酒，只有在斟啤酒或陈年红葡萄酒时可以将酒杯拿在手上而不失礼。如客人同时饮用两种酒，不能在同一酒杯中斟入两种酒水，已开启的酒瓶应放在主人的右侧。

任务四 托盘斟酒

【任务描述】

托盘斟酒包括斟酒的顺序、斟酒的量、左手托盘的手势，通过教师示范教学，让学生掌握托盘斟酒的要领。

【任务目标】

通过本任务的知识、技能学习和任务实训，使学生能够准确地掌握托盘斟酒的操作。

【任务准备】

1. 知识准备

（1）斟酒的顺序和量

从主宾开始，按顺时针方向从客人的右侧斟酒；斟酒的量同前一任务的要求相同：白酒为八分满；啤酒为八分满；白葡萄酒为 2/3 满；红葡萄酒为 1/2 满。

(2) 托盘斟酒的操作口诀

示、压、抬、转、收。

2. 物品准备

① 酒瓶：红酒、白酒、啤酒。

② 酒杯。

③ 铺设好的中餐台。

【操作流程】

左手托盘，右手持酒瓶斟酒，注意托盘不可越过宾客的头顶，而应向后自然拉开，注意掌握好托盘的重心，保持左右手的协调和平衡。

序号	操作要领	图示
1	示： 示酒时，酒瓶的商标应朝向客人	
2	压： 酒瓶与酒杯成45°角，右手腕与食指相结合压住瓶颈	

序号	操作要领	图示
3	抬： 斟酒完毕,将瓶口稍稍前倾,抬高1厘米,做一个停顿	
4	转： 顺势旋转1/4圈,使最后一滴酒液均匀地留在瓶口上	
5	收： 从胸口的一侧以弧线路径收回酒瓶	

模块四　餐间服务

【任务实训】

请同学分组，根据操作流程和教师示范练习正确的托盘斟酒，并根据下表中的评价要素进行打分。

序号	评价要素	配分	得分
1	斟酒姿势： ① 握住瓶身的下三分之一处，商标朝外； ② 从顾客右边斟酒； ③ 酒瓶不要碰到酒杯； ④ 有收瓶、转瓶动作	25	
2	斟酒顺序： ① 先主宾，再主人； ② 顺时针进行斟酒； ③ 先红酒，再其他酒水	25	
3	斟酒数量： ① 斟7～8成满； ② 每杯数量均匀； ③ 一次性成功，不添杯	25	
4	不滴不溢： ① 不外滴； ② 不外溢	25	
	合计	100	

【任务拓展】

让学生练习为十位宾客用托盘斟倒红酒、白酒、啤酒，并请同学彼此分享斟酒的诀窍。

知识链接

酒水英语

Related Words 相关词汇			
liquor 烈酒	whisky 威士忌	brandy 白兰地	vodka 伏特加
liqueur 烈性甜酒	cocktail 鸡尾酒	gin 金酒	rum 朗姆酒
wine 葡萄酒	champagne 香槟酒	beer 啤酒	yoghurt 酸奶
soft drink 软饮料	orange juice 橙汁	Spirit 雪碧	cola 可乐
coconut 椰汁	soda 苏打水	mineral water 矿泉水	tonic 汤力水

tea & coffee 茶和咖啡	black tea 红茶	green tea 绿茶	oolong tea 乌龙茶
jasmine tea 茉莉花茶	white tea 白茶	chrysanthemum tea 菊花茶	espresso 意式浓缩咖啡
café latte 拿铁咖啡	cappuccino 卡布奇诺咖啡	decaf coffee 无咖啡因咖啡	ice block 冰块

Useful Expressions 常用表达

VSOP 至少四年以上的陈酿	white wine 白葡萄酒、red wine 红葡萄酒和 pink wine 桃红葡萄酒
XO 至少六年以上的陈酿	dry wine 干型葡萄酒（不含糖）semi-dry wine 半干型葡萄型（半糖）

Key Sentences 关键句

Here is the wine list. Please take your time. 这是酒水单，请慢慢看。

Which kind of alcohol would you like? 请问你需要些什么酒？

Would you care for a drink while waiting? 您是否要点些饮料边喝边等？

May I recommend some wine with your meal? 是否需要我为您推荐佐餐酒？

MaoTai is quite strong. 茅台酒的度数很高。

This whisky is imported from America and is very famous in the world.
这种威士忌从美国进口，而且世界闻名。

This kind of wine tastes special and many guests give high comments on it.
这种葡萄酒口味特别，许多客人对它的评价很高。

模块四 餐间服务

模块五　餐后服务

模块学习目标

　　餐后服务是服务员整个工作的最后阶段，关系到服务的整体效果。它要求服务员在服务中要规范化和标准化，正确地处理好服务环节。餐饮服务人员要树立正确的服务态度，培养良好的服务理念，让客人在物质和精神上获得双重满足。

项目一 结账送客服务

项目描述

餐后结账送客是餐厅服务的最后一个环节,也是最重要的一个环节。它直接关系到餐厅的经济收益和客人对餐厅的最终印象及满意度。

项目目标

掌握结账基本程序、熟悉结账方式、熟悉送客服务。

任务一 结账服务

【任务描述】

餐厅和餐厅服务员必须高度重视餐后结账买单的服务工作,能按照中餐厅结账送客的方法和标准进行服务。

【任务目标】

通过本任务的学习和操作实训,学生能够掌握结账的基本程序,熟悉结账方式,做到不跑单、不漏单,为宾客提供最佳的结账服务。

【任务准备】

1. 知识准备

(1) 餐饮结账

餐厅服务员收到顾客支付的餐饮费用,表明餐厅与顾客的交易正式完成。

(2) 结账方式

基本结账方式有现金结账、信用卡结账、支票结账和签单结账等。

结账方式	操作标准
现金结账	① 客人支付现金后,应在客人面前清点钱数,并请客人等候,将账单及现金交给收款员; ② 收款员收完钱后,服务员核对找回的零钱,并检查账单上联是否正确,将账单上联及所找零钱夹在账单夹中送回客人; ③ 服务员站立于客人右侧,打开账单夹,递给客人并致谢

左侧竖排:餐饮服务与管理

结账方式	操作标准
信用卡结账	① 确认客人的信用卡餐厅是否接受使用； ② 服务员请客人等候，并将信用卡和账单送至收银员处； ③ 将账单夹在账单夹中，从右侧递给客人，递上笔，请客人分别在账单和信用卡收据上签字，并检查签字是否与信用卡上的签字一致； ④ 将账单第一联、信用卡收据中的客人存根页及信用卡递给客人，礼貌致谢
支票结账	① 客人支付支票时，应请客人出示身份证、护照并注明联系电话及单位地址，然后将账单及支票、证件同时送给收银员； ② 收银员结完账并记录下证件号码及联系电话、单位地址后，服务员将账单第一联及支票存根核对后送还给客人，礼貌致谢
签单结账	① 礼貌地请客人出示房卡； ② 递上笔，请客人写清房号并签名，礼貌致谢； ③ 将账单交还收银员

2. 物品准备

账本夹、签字笔。

【操作流程】

服务程序	操作标准
准备账单	① 当客人要求结账时，服务员请客人稍等，并立即去收款台为客人取账单； ② 服务员告诉收款员所结账单的台号，并检查账单台号、人数、食品及饮品的消费额是否正确； ③ 将取回的账单夹在账单夹内，走到主人右侧，打开结账夹，右手持账夹上端，左手轻托账夹下端，递至客人面前，请客人检查，注意不要让其他客人看到账单
结账收银	按照客人选择的结账方式结账
结账后服务	客人结账完毕并未马上离开餐厅，而继续交谈时，服务员应继续提供服务，为客人添加茶水，并及时更换烟灰缸
送交账单	将账单上联、零钱（或卡）和发票一并放到结账夹内，返回客人右侧，打开账单夹递给客人，礼貌致谢

【任务实训】

请同学们分小组以角色扮演形式练习结账服务，要求扮演服务员的同学能独立完成结账服务，并完成《学生实训手册》"实训三十九结账服务"的相关内容。

角色扮演的流程如下：

① 组长领取小组活动任务单；

② 根据任务单的内容在组内进行不同结账方式的模拟结账；

③ 小组成员相互评价，选出小组中操作最规范的成员，并在全班展示。

评价环节	具体要求	评价		
		非常棒	很好	尚需改进
结账服务	准备结账			
	结账收银			
	结账后服务			
	送交账单			
自我评价	仪容仪表			
	积极参与活动			
	乐于帮助他人			
	听从小组决议			
小组评价	团队合作良好			
	礼貌待人			
	对团队有贡献			

【任务拓展】

请同学练习用英语完成对客结账服务。

知识链接

Related Words 相关词汇			
bill 账单	accept 接受	overcharge 多收费	sign 签名
cash 现金	credit card 信用卡	traveler's check 旅行者支票	exchange rate 兑换率
invoice 发票	passport 护照	identification 证件	cashier 收银员

Useful Expressions 常用表达	
types of credit cards 信用卡的种类	Union Pay 银联卡
Master card 万事达卡	Visa card 维萨卡
American Express 美国运通卡	Diners club 大莱信用卡

Key Sentences 关键句
Would you like anything else? 请问还有什么需要吗？

餐饮服务与管理

Key Sentences 关键句
May I have the bill, please？ /Bring me the bill, please. 请给我结账。
How do you pay the bill, in cash, by credit card or by checks？ 您用何种方式付账，现金、信用卡还是支票？
Do you accept credit card？ 你们收信用卡吗？
Do you take traveler's check？ 你们收旅行支票吗？
Since you stay at our hotel, you may sign the bill. 因为您是我们的住店客人，您可以签账。
Excuse me, but I think you've overcharged me. 对不起，我认为你多算了我的费用。
I'm sorry. I will go to the cashier to check it. 对不起，我去收银处再核实一下。
Here is your invoice and change. 这是您的发票和找零。
Hope you enjoyed you meal. Welcome again. 希望您用餐愉快，欢迎再次光临。
Goodbye. Be careful to the stairs. 再见，请注意台阶。
Hope to see you again. Don't leave anything behind you. 希望再次见到您，请别忘记您的随身物品。

模块五 餐后服务

任务二 送客服务

【任务描述】

送客服务是餐后服务的一项技能，本任务主要是训练餐饮服务员为客人服务的最后一个环节——送别工作。学生必须掌握的操作包括：征询意见、致谢道别、送客离店、物品检查。

【任务目标】

通过本任务的学习和操作实训，能独立完成送客服务，从始至终为宾客提供优质的服务。

【任务准备】

送客服务要为客人拉椅子，提醒客人带好随身携带的物品，做好送客道别、物品检查等工作，做到微笑、礼貌、耐心、周到，使客人高兴而来、满意而归。

【操作流程】

序号	送客步骤	主 要 内 容
1	征询意见	主动征询客人用餐建议,做好相关记录
2	打包菜肴	如客人用餐仍有剩余,要询问客人是否需要打包服务
3	拉椅送客	客人离开时,主动拉开椅子
4	致谢道别	提醒客人带好随身物品
5	送客离店	鞠躬送客,微笑目送客人离开,领位员在门口再次致谢道别
6	物品检查	检查服务区域是否有客人遗留的物品,仔细做好餐后台面清洁整理工作

【任务实训】

请同学们分小组以角色扮演形式练习送客服务,要求扮演服务员的同学能独立完成送客服务。角色扮演的流程如下所示:
① 组长领取小组活动任务单;
② 根据任务单的内容在组内模拟送客服务;
③ 小组成员相互评价,选出小组操作中最规范的成员,并在全班展示。

评价环节	具体要求	评价		
		非常棒	很好	尚需改进
送客服务	征询意见			
	致谢道别			
	送客离店			
	物品检查			
自我评价	仪容仪表			
	积极参与活动			
	乐于帮助他人			
	听从小组决议			
小组评价	团队合作良好			
	礼貌待人			
	对团队有贡献			

【任务拓展】

　　一个深秋的晚上,三位客人在南方某城市一家饭店的中餐厅用餐。他们在此已坐了两个多小时仍没有去意。服务员心里很着急,到他们身边站了好几次想催他们赶快结账,但一直没有说出口。最后，她终于忍不住对客人说："先生，能不能赶快结账，如想继续聊天请到酒吧或咖啡厅。""什么！你想赶我们走，我们现在还不想结账呢。"一位客人听了她的话非常生气，表示不愿离开。另一位客人看了看表，连忙劝同伴马上结账。那位生气的客人态度很差地让服务员把账单拿过来。看过账单，他指出有一道菜没点过，但却算进了账单，请服务员去更正。这位服务员忙回答客人，账单肯定没错，菜已经上过了。几位客人却坚持说，没有要这道菜。一心想着下班的服务员连忙到收银员那里去改账。

当她把改过的账单交给客人时，客人表示餐费可以付，但却不能接受她的服务态度。请问：服务员错在哪里？如果你是服务员会如何处理这样的情况？

任务三　清理餐台

【任务描述】

清理餐台是餐后服务中的最后一个环节，学生要按照餐后整理的规范和要求做好这个工作，从而培养学生有始有终的工作习惯和良好的职业意识。

【任务目标】

通过本任务的学习和操作实训，能有条理地收拾餐台，了解清理餐具的基本方法。

【任务准备】

1. 知识准备

送走了就餐客人，餐厅对客服务的工作就结束了，但忙碌的餐厅还没有停止服务，服务人员要继续做好餐厅整理工作，清洁餐台，收好餐具，摆好台面，为下一餐的顺利进行做好准备。收拾好的餐具要根据不同的材质分送清洗。

餐具种类	清洗规范	图示
瓷质餐具（一般餐具）	要注意轻拿轻放，以免瓷器破碎。清洗前可先用报纸、餐巾纸将餐盘上的食物残渣大致清理之后，再用加了清洁剂的温水洗净、晾干即可。如果用洗碗机清洗，要注意选择品质良好的洗涤剂。同时，对于部分有描金装饰的瓷餐具，请避免用洗碗机清洗	
瓷质餐具（骨瓷餐具）	不能用洗涤剂来洗，用温清水洗即可。因为骨瓷产品的主要成分是碳酸钙，它作为碳酸类沉淀物可以和酸反应产生气体二氧化碳，所以，如果加入洗涤剂，有可能会对餐具表面产生一定的腐蚀	

餐具种类	清洗规范	图示
玻璃餐具	① 清洗之前,最好在水槽底部垫上橡胶水池垫或一块较厚的毛巾; ② 带装饰的玻璃餐具,可用软刷去除装饰部位缝隙中的污垢; ③ 顽渍可用柠檬切片擦除,或者在醋溶液中清洗,切勿用金属质清洁球刷大力划擦; ④ 要清洗污渍较重或者口小底大的玻璃瓶,可先灌上水,再将一杯氨水或醋加入其中,浸泡过夜或者把鸡蛋壳弄成碎片,放进瓶子,加温水后用力摇晃,即可洗得干干净净; ⑤ 镀金和饰银玻璃、易碎水晶玻璃、乳白玻璃和装饰玻璃必须手洗	
不锈钢餐具	① 不锈钢餐具用后一定要及时清洗,否则将会导致表面暗淡或出现凹痕,洗后立即擦干,不能让其自然晾干,否则很容易留下水渍; ② 不要用硬物擦刮。用钢丝球清洁容易使不锈钢餐具表面留下划痕。如果有难以擦去的斑痕,可用布蘸不锈钢专用清洁剂,涂在斑痕上擦拭; ③ 要抛光不锈钢器具,可将小苏打洒在湿的不锈钢锅表面,再用软布擦洗。冲刷擦干之后,餐具就会光亮如新	

2. 物品准备

口布、毛巾、筷子、筷架、玻璃器皿、瓷器、转台、台布。

【操作流程】

送客人离开餐厅后,服务人员将立即开始收台工作,为下一次餐饮服务做好准备。

中餐收台顺序

口布毛巾 → 筷子筷架 → 玻璃器皿 → 瓷器 → 转台 → 台布

餐饮服务与管理

西餐收台顺序

收台时要注意动作规范、轻拿轻放，不能影响正在就餐的客人，特别要注意及时翻台，不能留下客人用过的台面无人整理，更不能所有服务员都去整理一个台面，无人为其他客人服务。

【任务实训】

不锈钢餐具抛光比赛

① 分组练习不锈钢餐具抛光。

② 小组成员相互评价，选出小组中操作最快的同学参与比赛。

③ 在2分钟内完成抛光餐具数量最多的学生为胜利。

项目二 投诉处理

餐饮服务与管理

项目描述

宾客到餐厅用餐,都希望享受愉快的用餐过程。但是用餐活动中偶尔也会遇到各种各样意想不到故障与各类问题。餐厅有责任做好预防工作,解决各类问题,保证消费者有一个愉快、难忘的用餐经历。

项目目标

通过本项目的学习,让学生能具备在餐厅现场及时发现、妥善处理各类问题的基本能力,有利于在日后工作中规避客人的投诉。

任务一 餐厅纠纷处理

【任务描述】

餐厅纠纷处理是一项具体而复杂的工作,要求学生能全面掌握随机应变的能力、与人沟通的方法和事件处理的技能。通过餐饮服务中经常发生的案例事件,让学生熟练掌握不同案例的处理步骤,理解处理纠纷的基本原则,并能进一步巩固和提高处理技能。

【任务目标】

通过学习本任务,学生能树立正确的职业态度,理解餐饮服务质量的重要性,为宾客提供良好的服务,避免一般纠纷,了解各类突发问题的处理方法。

【任务准备】

纠纷处理原则:

一旦发生纠纷,餐厅服务员必须正视、认真对待,积极帮助消费者应对,争取上级及相关部门的支持,迅速、稳妥地予以解决,消除不良后果。

一般纠纷处理的原则有:

第一,促使餐厅活动恢复正常。全力攻关,尽快、妥善地予以解决,快速恢复正常餐厅活动。

第二,满足消费者合理合法要求,维护顾客权益。餐厅服务员的服务宗旨是"客人至上,服务第一"。解决各类纠纷是遵循服务宗旨的具体表现。

第三,维护餐厅形象。餐厅发生纠纷,对餐厅的信誉和顾客的利益都是损伤。为了弥补这种损失,餐厅员工要认真对待各类问题,及时消除负面影响,恢复宾客对餐厅的信任与好感。

【纠纷处理的操作规范】

1. 物品遗失

宾客遗失物品是餐厅中较为常见的一种突发情况,物品遗失后,往往会引起一系列问题,为此各岗位服务员应在服务中对客人携带的物品及衣物进行适当地防护。如果发生物品遗失,也要妥善处理,尽力找回。

首先要给宾客以语言上的安慰,同时协助客人在相关区域进行查找;向上级及安保部门报告,争取他们的支持与协助;管理层前来探望,以示重视;若没有找到,对宾客表示同情的同时,提醒宾客有无遗留在其他地方,留下宾客联系电话,有消息会及时联络;如果宾客坚持报警,则由安保部负责人与公安局联系,当值人员要做好证人,并保护好现场;其他餐厅工作人员要专心工作,不要扩大该事件对其他宾客的影响。

2. 餐厅突然停电

高星级酒店一般设有备用发电机,当突发停电故障时,能在短时间内恢复供电。在停电时间段内餐厅各岗位服务员应沉着镇定,各司其职。首先安抚宾客,向客人致歉;启动应急措施,如:可将餐厅预先备好的蜡烛送到宾客餐桌上并再次安抚宾客;如果停电时间较长,对尚未点菜的宾客应婉言相留;如果不是宴会,应尽量将未点菜的宾客调至光线好的宴会厅;如果宾客要求退菜赶路,先婉言相留,并再次表示歉意,并及时到收银处核实好菜单及酒水,根据领班安排赠送代金券或减免服务费,开好手写发票,热情相送。

【任务实训】

除了以上情况,还有哪些是同学们曾经经历过或者听说过的餐厅突发情况案例? 有没有让你们印象深刻的解决方法? 请同学和小组成员一起想一想,议一议。

案例简单描述		解决方法	
时间		人物	
地点		方法	
事件		效果	

【任务拓展】

在餐厅经营过程中,难免会发生一些我们不希望遇到的事情,比如,服务员不小心把汤汁洒到客人身上……遇到这类事情该怎么办,一些服务员通常会这样和客户沟通:

- 对不起,没事吧?
- 不好意思,来,我帮您擦一下。
- 不好意思,都是我的错,我来给您擦一下。

如果你是服务员,你会如何和客人沟通,并提供更完善的服务?

任务二　投诉的处理

【任务描述】

投诉在服务性行业中是不可避免的事情,通过对典型案例的叙述、提炼与分析,使服务员在处理客人投诉时能沉着应对、有章可循。

【任务目标】

通过本任务的学习,了解投诉后的处理方式,树立良好的职业道德观。

【任务准备】

餐饮服务过程中常常会发生意想不到的、大大小小的各类问题。投诉问题不仅仅是对餐厅服务质量的挑战,还蕴藏着意想不到的机会。妥善处理客人投诉,能反映出服务人员的基本素养,还能为酒店餐厅做好一次危机公关。投诉各有不同,但处理的基本步骤不变:

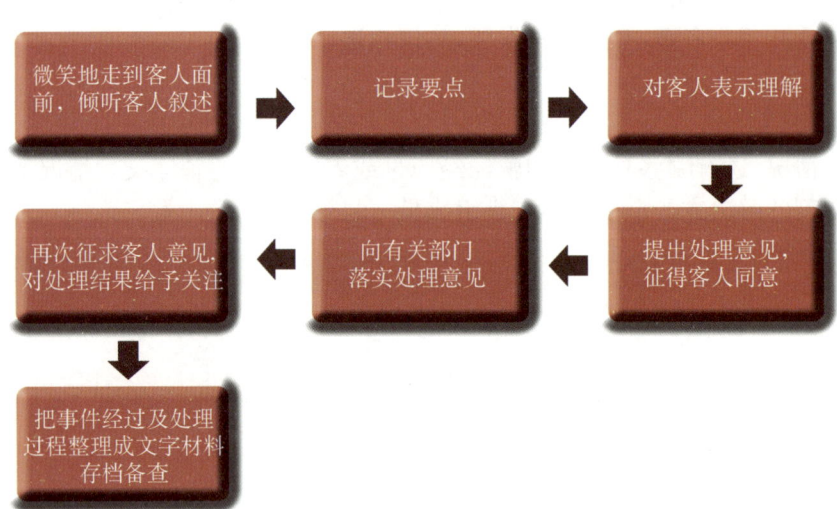

【课堂案例分析一】

某晚,酒店 VIP 客人王先生在某餐厅 8 号包厢内用餐,王先生对餐厅的招牌菜十分熟悉,就委托餐厅领班点单,其中有一道酒店名菜"广式鳜鱼"。

在上菜过程中,服务员急匆匆地端着一盆"水晶鳜鱼"跑过来:"领班,客人投诉说不是他们的菜?"领班立马去厨房了解情况。经调查得知,由于这几日"水晶鳜鱼"(餐厅新菜式)的点击率相当高,厨房师傅没有看清楚菜单给弄错了。

1. 小组讨论

请问遇到这个情况应如何解决?

2. 选择方案

① 向客人致歉,让客人稍等,重新制作"广式鳜鱼"。

② 将错就错为客人端上"水晶鳜鱼"。

③ 与王先生协商,尝试"水晶鳜鱼"。

3. 方案实例

服务员端着这盆"水晶鳜鱼"走进8号包厢,先对做东的王先生轻声地说:"王先生,我们给您点的'广式鳜鱼'换了种做法,请您尝尝鲜。"王先生是餐厅的常客,对餐厅的菜肴口味及质量一直很满意,之前也的确吃过"广式鳜鱼"。所以,他爽快地答道:"可以。"听到客人这句话,服务员放心将这盆"水晶鳜鱼"端放到玻璃转台上,并笑着向客人做了特别介绍:"这道菜是'水晶鳜鱼',用鳜鱼头尾做装饰,将肉身滑炒,味道爽滑鲜美,底部是水炖蛋,显得晶莹剔透,整个菜造型优美,是我们酒店的招牌菜,请慢用!"王先生见到如此优美的造型,便笑着对他的客人说:"这道菜真是好看,味道肯定不错,大家快动筷子尝尝。"

4. 案例分析

虽然这个案例是由于厨房内部的失误造成的,但是通过服务员随机应变的合理解释,并且掌握客人的心理,化解了危机,既使酒店免受损失,同时又向客人成功推荐了新菜,一举两得,让客人心悦诚服。服务员的沉着应对并非偶然,出于对VIP顾客的了解以及对酒店菜式特色的认识,为他顺利化解这个失误提供了保证,他的优质服务维护了酒店良好形象。

【课堂案例分析二】

客人在某酒店用完餐结账时,对一瓶收费80元的酒提出异议,他说有位男领班告诉他这瓶酒的价钱是60元。这位领班拿出价格表让客人看,证明这瓶酒的价格确实是80元,但这位客人仍不加理会,强调是那位男领班告诉他这瓶酒的价钱是60元。负责为之结账的女领班第一时间寻找那位同事,但他已下班离开酒店,无法与之取得联系,使这位客人非常不满,认为餐厅在推销酒水时有欺骗行为。最后,向餐厅经理投诉。

1. 小组讨论

你觉得女领班的处理方法对吗?你觉得经理如何处理这样的投诉更合适?

2. 方案实例

领班按照规章制度处理该投诉,但没有注意灵活应变,和客人发生争执是服务人员的大忌。经理出面后,应首先向客人道歉,表示是酒店员工的失误导致了误会,同意按60元收取酒水费用,并赠送了酒店的消费券,略表心意。虽说如此,由于之前的调查与争执,拖延了结账时间,客人仍是满面怒容,结账后扬长而去。如果领班能站在客人的角度考虑这个问题,和同事联系确认的同时,向上级汇报,尽早处理可能结果就会不一样。

3. 案例分析

树立相信客人、尊重客人的服务理念,对服务行业来说非常重要,也是做好服务工作的关键所在。客人提出异议,在不会给企业带来较大损失的前提下,应相信客人,特别是在没有强有力的证据显示客人错的情况下,不应该与客人发生争执。表面上酒店餐厅可能损失了20元,但很可能就换来一名回头客,服务人员还应看到隐性利益。

【任务实训】

任务情境1：

某酒店，几位客人应邀参加某企业举办的鸡尾酒会，酒店提供的餐食简单而美味，服务人员穿梭在来宾中，为客人添加红酒及软饮料。主办人从远处招呼来宾张先生，张先生一回身正好撞到了正在为李先生斟酒的Tony，红酒洒在了李先生的西服上。李先生自然非常生气，质问怎么把酒往他身上洒。小王没有解释，连声道歉："实在对不起，先生，是我不小心把酒洒在您身上，把您的西服弄脏了。"

小组思考与讨论：

① 如果你是李先生，你会怎么责备Tony？

② 服务人员应该怎么处理这个问题呢？

③ 这个案例给你什么启示？

任务情境2：

旅游旺季里，餐厅生意兴隆，刚送走一批客人，又迎来了一批团队客人。李小姐是新来的餐厅服务员，上完洗手茶，还没向客人说明，就被主管叫过去上菜，等她回来想说明洗手茶的用途时，已经有位客人错把洗手茶当茶水喝了，李小姐惊讶喊了出来，让客人非常尴尬，愤而向领班投诉。

小组思考与讨论：

① 发生这种情况，你觉得服务员小李做错了吗？

② 应该如何规避这类问题？

任务情境3：

一天中午，一位客人打电话到餐厅消费，说明要吃一份"T骨牛扒"，希望餐厅能为其预留位置。当时，接电话的预定员正准备去用午餐，考虑到客人要半小时后才能过来，而这段时间餐厅生意也不忙，肯定有空位，且自己用餐时间不超过半个小时，于是她在未向其他同事交代的情况下便吃饭去了。大约一刻钟后，客人来到餐厅，询问另一名当值的服务员，刚才已打电话来预定，午餐是否准备好？当值的服务员称没有接到客人电话，不知此事。客人听后非常生气，于是向餐厅经理投诉。

小组思考与讨论：

① 如果你是这位顾客，你会向经理投诉吗？为什么？

② 这名服务人员在哪几方面没做好？

③ 如果你是餐厅经理，你准备如何处理这件投诉？

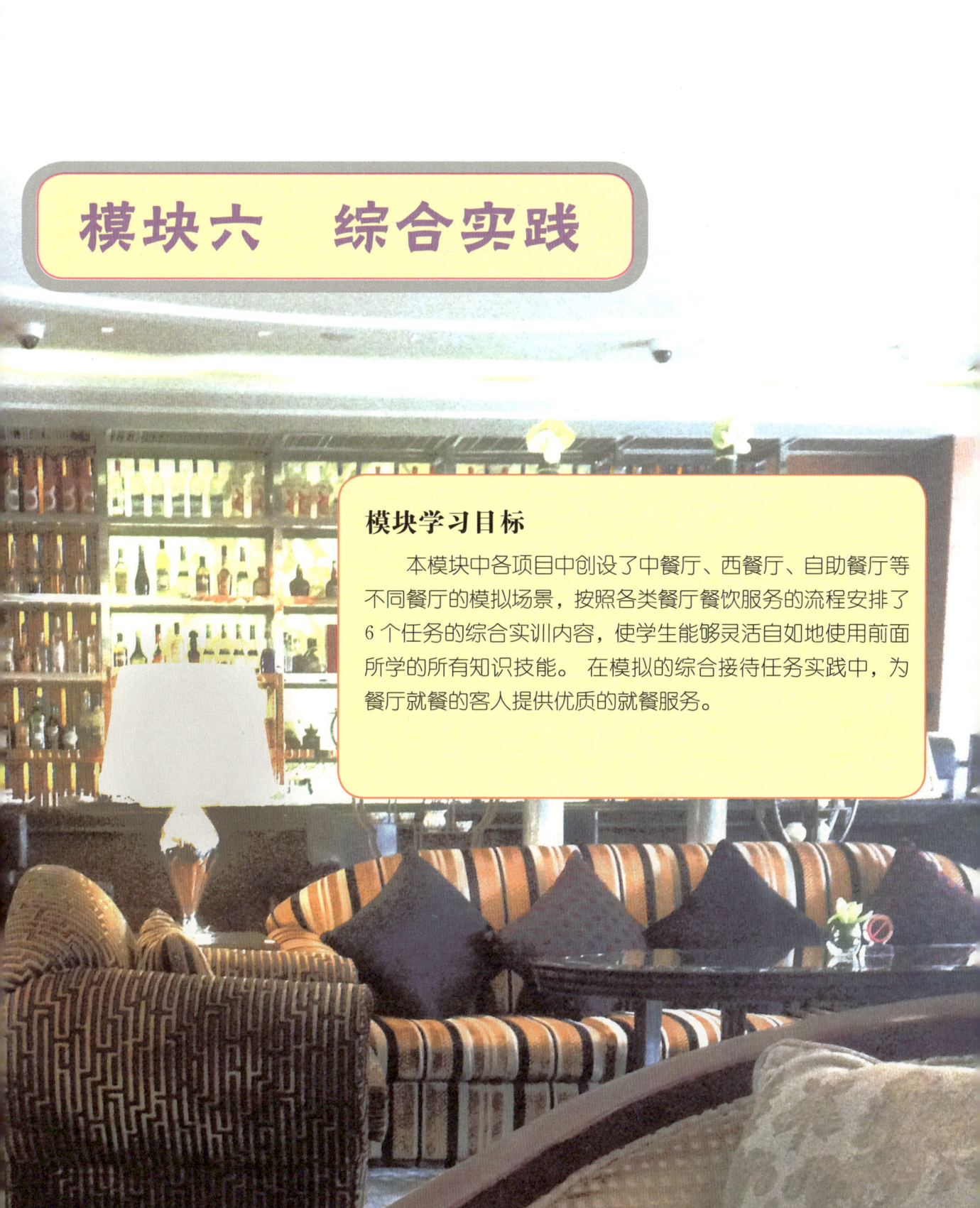

模块六　综合实践

模块学习目标

　　本模块中各项目中创设了中餐厅、西餐厅、自助餐厅等不同餐厅的模拟场景，按照各类餐厅餐饮服务的流程安排了6个任务的综合实训内容，使学生能够灵活自如地使用前面所学的所有知识技能。在模拟的综合接待任务实践中，为餐厅就餐的客人提供优质的就餐服务。

项目一　零点服务

项目描述

零点服务规格多、批量小,是餐厅服务的重要组成部分。

项目目标

通过学习中西餐零点服务的流程,掌握中西餐零点服务的基本程序和服务技巧。

任务一　中餐零点服务

【任务描述】

中餐零点服务分为早餐、午晚餐零点服务形式。通过学习早餐、午晚餐零点服务的流程(餐前准备、餐前接待、点菜酒水推荐、席间服务、结账送客、收台清理),掌握中餐零点服务的基本程序和服务技巧。

【任务目标】

通过本任务的任务实训,使学生能够综合、灵活运用前面所学的各项基本技能完成中餐零点的综合服务。

【任务准备】

1. 知识准备

零点餐厅是指客人随到随吃、自行付款的餐厅。通常设置有大小不同的餐桌,以适应不同人数的客人需要。既可以随到随吃,也可预约定餐。经营方式是提供菜单、接受客人点菜、食品茶点服务到桌,最后凭点菜单结账。

(1) 零点服务

零点服务是指餐厅为接待零散客人而进行的服务工作,对于餐厅服务员而言是一项融合了礼仪、操作规范、各项操作技能的具体而复杂的工作。

(2) 翻台

是指一批顾客用完餐,服务员立即清理餐台,并安排另一批顾客就餐的过程。翻台是餐饮业的行业专用语。

(3) 零点服务的特点

- 宾客多少不定;
- 需求标准不一;
- 需求菜品种类分散;

- 就餐时间交错。

2. 物品准备

餐具、用具、服务用品、酒水饮料、菜单等餐厅零点服务用品。

【服务流程】

序号	流程	图示
1	**迎宾接待** 领位员确定客人预订后,引领客人到位。领位员帮助客人搬开椅子,待客人站定在座椅前时,将座椅轻轻送回原位,协助客人就座	
2	**茶水服务** 征询客人是否需要茶水,并请客人看茶单选择。为客人服务茶水,如不需要,可撤下茶杯	
3	**递送菜单** 领位从客人右侧打开菜单第一页,将菜单送到客人手中	

序号	流程	图示
4	**点菜推荐** ① 点菜员给客人点菜时注意口齿清晰，站姿、仪容仪表端庄大方。 ② 点菜员要熟悉菜肴的烹饪方式、出菜程序、菜肴口味、主配料，更好地为客人推荐。有些地方是先上冷菜、后热菜，热菜先上海鲜、特色菜肴，再上肉类、禽类、整形鱼、蔬菜、汤面饭点心、甜品，最后上水果。 ③ 点菜员还应为客人复述菜单，以避免遗漏的菜，以及重复的菜，从而减少客人对菜肴的不满	
5	**推销饮料酒水** 客人订完食品后，服务员主动推销酒水。客人接受推荐、订酒单后，服务员按标准为客人服务酒水	
6	**席间服务** ① 为客人服务时，从客人右侧将菜点放在餐桌上，并为客人报出菜名。 ② 随时观察客人台面，为客人添加酒和饮料。 ③ 随时撤空盘、空碗，并每两道菜为客人换一次餐盘。 ④ 烟灰缸内不得有两个以上烟蒂，须及时为客人换烟缸。 ⑤ 如客人用餐过程中去洗手间，服务员应为客人搬开座椅，待客人返回时，再协助客人搬开座椅，帮助客人入座	

餐饮服务与管理

序号	流程	图示
7	**结账送客** ① 提前把账单准备好。 ② 当客人要求结账时服务员应核对账单,将账单夹在酒店专用款夹内,账单正面朝下,双手递给客人。 ③ 客人结账时,请客人确认账单并付款,真诚地感谢客人。 ④ 客人离开餐厅时,感谢客人,表示欢迎客人再次光临	

【中餐零点服务要点】

1. 订餐服务需要注意的礼仪要点

① 接待主动,态度热情,面带微笑,语言亲切;

② 耐心询问,细节详细,记录准确,复述确认;

③ 及时接听,态度和蔼,做好记录,提前安排。

2. 迎接顾客需要注意的礼仪要点

① 主动问好,微笑相迎;

② 语言优美,尊称客人;

③ 按序引导,安排入座;

④ 餐前酒水,及时送上。

3. 开单点菜需要注意的要点

① 留有时间,随客浏览菜单;

② 示意点菜,即刻上前准备;

③ 察言观色,适时给出建议;

④ 介绍特色,善于主动推销。

4. 上菜服务需要注意的要点

① 相互协作,适时上菜;

② 冷菜先上,热菜随做随上;

③ 托盘传菜,注意卫生;

④ 礼让客人,切忌偷尝菜肴。

5. 席间服务需要注意的要点

① 菜点上桌,示意顾客用餐,斟倒第一杯酒水;

② 静候在旁，照顾台面周到，上菜撤盘要及时；

③ 服务规范，遵守操作程序，为客添斟酒水；

④ 根据需要，及时撤换烟缸，适时整理台面。

6. 上菜服务需要注意的要点

① 按续上菜，服务规范；

② 托盘上菜，姿态端正；

③ 菜点上桌，介绍名称；

④ 摆放整齐，示意品尝。

7. 席间服务需要注意的要点

① 一道菜用毕，撤下餐盘刀叉，清理好台面，摆放下一道菜的盘碟和刀叉；

② 每上一道菜，主动为顾客分菜、派菜，操作熟练准确，斟酒及时；

③ 用餐过程中，注意台面整洁，上甜品前，撤下台面餐具。

8. 结账清台礼仪

① 账单准备妥当，账目记录清楚准确；

② 顾客示意结账，用账单夹呈送顾客；

③ 顾客结账完毕，表示感谢，微笑送客；

④ 顾客离座之后，重新铺台摆放餐具。

【综合任务实训 1】

餐前准备

在教师的指导下进行中餐零点餐前服务准备。运用所学的餐巾折花、摆台等技能，进行中餐 10 人位零点摆台的餐前准备。评价要素参见餐巾折花、中餐摆台的相关评价表。

【综合任务实训 2】

迎宾礼仪

分组进行情景模拟和角色扮演：在教师的指导下练习本任务所学的餐厅订餐礼仪、接待礼仪等。

活动程序：① 组长领取小组活动项目单。

② 根据项目单的内容在组内进行各礼仪程序的练习。

③ 小组成员相互评价，选出小组中操作最规范的成员在全班展示。

④ 全班集体评价，选出操作最标准的"礼仪之星"。

【综合任务实训 3】

点菜服务

分组进行情景模拟和角色扮演：在中餐厅内，学生扮演的服务员带客人入座以后，为客人提供菜单、点菜推荐服务和酒水推荐服务。

席间服务

分组进行情景模拟和角色扮演：在教师的指导下，服务员为客人提供席间上菜服务、分菜服务，斟酒服务。评价要素参见中餐上菜、徒手斟酒的相关评价表。

【综合任务实训 5】

结账送客服务

分组进行情景模拟和角色扮演：在教师的指导下，服务员为客人提供结账服务、送客服务。

【综合任务实训 6】

清理餐台服务

分组进行情景模拟和角色扮演：在教师的指导下，服务员翻台、清理餐具。

【任务拓展】

作为一名餐厅的服务人员，应全面掌握各项服务礼仪，但针对不同的客户群，服务员应灵活应变，提供个性化的服务，尽量满足客人所有的需求。请同学们设想以下情景：一家人在餐厅举行家宴庆祝老人 80 岁生日，家庭成员中有几代人，包括儿童，请思考一下，如何使用课堂上所学的服务礼仪为这家人提供周到、人性化的服务？

提示：① 聚会的主题是什么？如何在点单过程中体现？

② 上菜时要注意什么？

③ 能否为客人提供额外的服务？

知识链接

酒水服务礼仪

1. 验酒

出示酒时，左手持底部，右手持酒的颈部，顺手一推，左手打直，右手向自己胸前靠，把有酒名标牌的一面向客户展示。

2. 开酒

酒瓶开启时，先将外围的铁丝或密封线撕开，接着打开酒瓶与瓶盖子连接处，然后一只手扶住酒瓶，另一只手握瓶的颈部，大拇指顺着握颈力方向将瓶盖向外推。葡萄酒需要用专用开瓶器开启。

3. 倒酒

一只手持扶底部，一只手持瓶颈部前线，倾斜瓶身倒入公杯至七分满，再倒入小杯，为避免有余滴的酒漏出杯外，应在倒入公杯七分满后，保持酒瓶姿势不变，然后向服务员方向旋转停顿一下，使余滴流入瓶内，再将盖子盖好。

4. 加冰块

除白兰地酒不加冰块外，其余的酒在加冰块时要注意冰块的数量。

模块六 综合实践

任务二　西餐零点服务

【任务描述】

西餐零点服务分为早餐、午晚餐正餐零点服务形式,通过学习午晚餐正餐零点服务的流程(餐前准备、餐前接待、点菜酒水推荐、席间服务、结账送客、收台清理),掌握西餐零点服务的基本程序和服务技巧。

【任务目标】

通过本任务的任务实训,使学生能够综合、灵活地运用前面所学的各项基本技能完成西餐零点的综合服务。

【任务准备】

1. 知识准备

目前国际上常见的服务方式有法式服务、美式服务、英式服务、俄式服务、大陆式服务等。除了某些特色餐厅为追求别具一格的风格而采用一种服务方式,大多数餐厅都采用两种以上的服务方式。

(1) 法式服务

法式服务是由西查·李兹于20世纪初发明的一种用于豪华酒店的服务方式,故又称"李兹服务",是各种形式中最豪华、最奢侈的服务。服务过程中要使用许多餐具,还要动用许多受过专门训练的服务员。

法式服务一般由两名服务员协作完成。服务员主要为客人拉椅让座、点菜,在客人面前完成上菜的准备工作;服务员助手主要负责传送菜单,将半成品菜装在餐车上送到餐桌旁,由服务员现场加工。法式餐厅配有带加热炉的推车。客人点菜后,食品由厨师在厨房完成半加工,然后由服务员在客人面前完成调味、浇汁、装盘的过程。这种方式能活跃用餐气氛,引发客人食欲。

服务员用右手从每位客人的右侧送上每一道菜和饮料,从客人右侧撤盘。但面包、黄油应从客人左侧送上。

法式服务的主要程序是:服务员迎接客人入座后,倒水、递菜单、接受点菜、点酒水、开点菜单、点酒单,随后送上开胃酒;点菜单由服务员送至厨房;厨师按点菜单加工烹制菜点,盛入银盘后,放到装备有保温设备的精致小车上,由服务员助手把小车推至餐厅的客人餐桌边。

(2) 美式服务

美式服务因所有菜肴均在厨房分别装盘好而被称为"盘子服务"。由于美式服务能有效节省时间及人力,解决人工昂贵的问题,所以目前许多餐厅都采用这种服务方式。

所有菜肴都在厨房准备好上盘,由服务人员端出并从客人右侧上菜服务。面包、奶油及菜肴的配料应由客人左侧服务,所有用过的盘子从客人的右侧撤走。

汤或餐前开胃菜要用托盘从厨房直接送到顾客前面。汤匙或叉子既可放在垫盘的右边,也可放在餐具的右边。开胃菜之后要送上色拉、面包和黄油。作为主菜的肉和蔬菜要在厨房装上盘后直接送给顾客，如果点了咖啡，咖啡要同主菜一起上，要从右边添咖啡。顾客用完主菜后，要把甜食单递上。甜食也是直接送上，放在顾客的左边。

美式服务是一种简单、人工成本低、餐位周转率高、快速廉价的服务方式。整个就餐过程由一名服务员服务，能以有限数量的服务人员为数量众多的宾客提供服务，是咖啡厅中十分流行的服务方式。

（3）英式服务

英式服务因与欧美家庭的用餐方式类似，故又称"家庭式服务"。其服务方法是服务员从厨房取出烹制好的菜肴，盛放在大盘里或热的空盘里，放到主人面前，由主人亲自动手并分在菜碟里，服务员充当主人的助手，将主人分好的菜碟依次端送给每一位客人。

调味品、沙司和配菜都摆放在餐台上，由客人自取或相互传递。英式服务的家庭味很浓，许多工作由客人自己动手，较省人力。

（4）俄式服务

俄式服务起源于俄罗斯的贵族与沙皇宫廷之中，并渐为欧洲其他国家所采用。俄式服务是一种豪华的服务，使用大量的银质餐具，十分讲究礼节，风格典雅，使客人能享受到体贴的个人照顾。俄式服务又称为国际式服务，同时又叫大银盘服务。其服务方法是菜肴在厨房制作、装饰好后装在银制餐盘中，由服务员用大托盘将菜肴和加过温的热餐盘托入餐厅，放在工作台上。

服务人员用右手，按顺时针方向从客人的右侧将餐盘依次放在就餐者面前；空餐盘上完之后，服务员回到服务台或边桌，用左手托起放菜的大浅盘，右手拿服务叉和服务匙从客人的左侧派菜，派菜前应向客人展示菜肴，将客人要求的菜肴分量分夹到客人的餐盘里，派菜时按逆时针方向绕台进行。

俄式服务同法式服务相似，也是一种讲究礼节的豪华服务。与法式服务相比更节省人力，且服务效率高，大量的银器能增添餐台的气氛且每位客人都能得到较周到的服务。整套服务程序由一名服务员完成，它注重实效，讲究优美文雅的风度。

（5）大陆式服务

大陆式服务综合了英式、法式、俄式、美式服务方式，常用于西式宴会服务。在服务过程中，根据菜肴特点选择相应的服务方式。如：头盆用美式服务，主菜用俄式服务，甜点用法式服务等等，但应符合既方便客人就餐、又方便员工操作、也便于餐厅管理的原则。

2. 物品准备

① 准备和检查菜单、点菜单、托盘、服务手推车、保温盖和笔等。

② 准备冰水，并煮好咖啡和泡好红茶。

③ 准备芥末、胡椒瓶、盐瓶、柠檬角、辣椒汁、蕃茄酱、奶酪粉以及各种色拉酱等。

序号	流程	图示
1	**迎宾接待** ① 无论主管或领座员都应在餐厅的进门处接待光临的顾客,并以微笑、愉悦的态度,友善地招呼来客,使客人的用餐有一个好的开始。 ② 不可在门口犹豫,也不可让客人在门口等候。 ③ 引导客人入席时,必须配合其行进速度,走在客人二三步之前带路(斜右前方约45°),并以手势礼貌地作方向指引。途中若遇有台阶或特殊状况,应事先预告,以免客人在途中跌倒发生意外	
2	**递送菜单** 领位从客人右侧打开菜单的第一页,将菜单送到客人手中	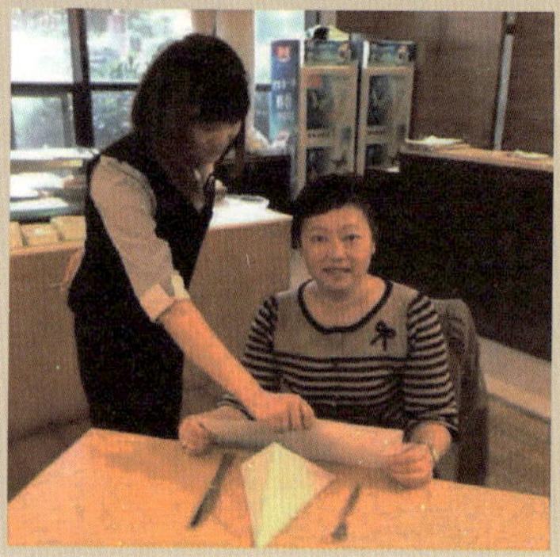
3	**点菜服务** ① 服务人员待客人坐定后,应立即上前问好,并先替客人倒置冰水,然后再将菜单及酒单递送给客人,询问是否需要餐前酒的服务。 ② 服务员接受客人点菜时,要自然地站立在客人的左右侧,不要把点菜记录本放在餐桌上低头去写,要用手托住记录本书写客人点的菜点。 ③ 要让客人有选择菜品的时间。若客人订的菜中有牛排、羊排等菜肴,服务员要问清楚宾客喜欢几分熟,并在订菜单上注明。菜订好后,根据客人所订的菜式上齐应用的餐具。 ④ 客人点完菜后,服务员要重复一遍,以确保准确无误。 ⑤ 接受点菜一般按逆时针方向进行,并记下点菜客人的餐位编号,这样传菜员就可以根据编号准确传菜。 ⑥ 为客人点菜的服务顺序一般从主人或女主人开始。如主人示意请宾客分别点菜,则从主宾开始(主宾一般坐在男主人或女主人的右边)	

餐饮服务与管理

序号	流程	图示
4	**推销饮料酒水** 客人点完菜后,服务员主动推销酒水。客人接受推荐、点酒后,服务员按标准为客人服务酒水	
5	**席间服务** ① 为客人服务时,从客人右侧将菜点放在餐桌上,并为客人报出菜名。 ② 随时观察客人的台面,为客人添加酒水和饮料。 ③ 如客人在用餐过程中去洗手间,服务员应为客人搬开座椅,待客人返回时,再协助客人搬开座椅,帮助客人入座	
6	**结账送客** ① 提前把账单准备好。 ② 当客人要求结账时服务员应核对账单,将账单夹在酒店专用款夹内,账单正面朝下,双手递给客人。 ③ 客人结账时,请客人确认账单并付款,真诚地感谢客人。 ④ 在客人离开餐厅时,感谢客人,并欢迎客人再次光临	

模块六　综合实践

【综合任务实训 1】

餐前准备

在教师的指导下进行西餐零点餐前服务准备。运用所学的餐巾折花、摆台等技能，进行西餐零点摆台的餐前准备。评价要素参见餐巾折花、西餐摆台的相关评价表。

【综合任务实训 2】

点菜服务和点酒服务

分组进行情景模拟和角色扮演：在西餐厅内，服务员带客人入座以后，为客人提供菜单、点菜推荐服务和酒水推荐服务。评价要素参见餐巾折花、西餐摆台的相关评价表。

【综合任务实训 3】

席间服务

分组进行情景模拟和角色扮演：在教师的指导下，服务员为客人提供席间上菜、斟酒服务。评价要素参见西餐上菜、徒手斟酒的相关评价表。

【综合任务实训 4】

结账送客服务

分组进行情景模拟和角色扮演：在教师的指导下，服务员为客人提供结账服务、送客服务。

知识链接

西餐早餐服务

1. 西餐早餐分类

西餐早餐按传统划分方法可分为两类，即英式早餐和欧陆式早餐。

① 英式早餐内容丰富，有蛋有肉，一般被称做酒店的零点餐。早餐的种类和数量由客人自己选择，和客人的消费水平相关。

早餐内容包括：饮料类有咖啡、红茶、可可和牛奶等；果汁类一般有蕃茄汁、橙汁、西柚汁等；谷物类食品一般有燕麦片、玉米片等品种，通常加牛奶、水煮成粥类食物；蛋类有煎蛋、煮蛋、水波蛋、溜糊蛋、蛋卷等；肉类一般有火腿、香肠、熏肉 3 种；面包一般有烤面包（又称吐司）、牛角包、面包卷等；果酱有苹果酱和橘子酱等。

② 欧陆早餐又称大陆式早餐，内容简单，当今欧美国家许多酒店把欧陆式早餐包括在房价之中，住店客人住宿一夜，可免费享用一顿简单的"标准早餐"，主要有：咖啡、茶或可可；果汁、蔬汁；面包配黄油或果酱。欧洲大陆对早餐不太讲究，时至今日，欧洲许多国家的早餐还是以冷食为主，也有家庭有时也吃鸡蛋和肉类。

2. 餐前准备

（1）准备用具

主要用具有餐巾、餐刀、餐叉、甜品勺、面包盘、黄油刀、黄油盅、咖啡具、果汁杯、胡椒瓶、盐瓶、糖缸、烟灰缸或禁烟标志和花瓶等。

（2）早餐材料

备好面包、黄油、果酱、果汁、热咖啡、鲜奶、水果等。

（3）整理检查

整理并检查餐厅设备、环境卫生、桌椅布局和桌面用品，如：盐、胡椒瓶要定期清洗，每日加满原料并擦净瓶身等。

3. 迎宾服务

① 客人进入餐厅时，服务员要微笑问候："早上好？先生/女士，请问有几位？"

② 迎宾员以手示意引领客人进入餐厅，为客人安排其喜欢的餐桌并拉椅让座。

③ 拉椅时按照女士优先的原则进行。

4. 点菜服务

① 递上餐牌并介绍当日新鲜水果。

② 记录点菜。当客人点蛋类时，要问清客人的口味要求。问清宾客需要何种果汁饮料，如果不需要则替宾客倒冰水。问清宾客是否需先饮咖啡或茶。

③ 复述点菜内容，做好落单工作。

④ 将点菜单迅速传送至厨房和账台。传递至厨房的点菜单应先由收款员签章。

5. 餐前服务

① 站在客人右侧松开餐巾。

② 根据客人所点菜肴补充相应的餐具。

6. 席间服务

① 根据客人的需要给客人斟咖啡或茶，咖啡和茶一定要热。斟好咖啡或茶后即端上鲜奶盅和糖盅（已摆好的就不用再端了）。

② 从客人右侧上果汁，在给客人果汁时要先放杯垫，然后放果汁杯。果汁杯应放在离刀尖上方约1厘米处。

③ 从客人左侧上面包。给客人上烤面包，烤面包放在用餐巾或花纸装饰好的藤篮里，根据客人的需要用不锈钢夹或银夹夹到客人的面包碟里，然后给客人小包装的牛油和果酱。

④ 依次从客人右侧送上谷物类食物、鸡蛋和肉类。

⑤ 给客人送水果或杂果杯。杂果杯的服务方式同果汁杯。将客人吃完的空杯碟收走后要保持餐桌整洁。

⑥ 随时撤走用过的脏盘。

⑦ 按要求撤换烟灰缸。

⑧ 随时补充饮料。如按杯出售，则应征询客人意见。

⑨ 客人用餐基本完毕时，应征询客人是否还要添加。

⑩ 巡视服务区域，随时满足客人的要求，搞好本区域的卫生。

7. 结账服务

① 提前检查账单，保证准确无误，准备好笔和账单夹。

② 等客人示意结账后，按照结账的规范为客人结账。如遇数位宾客同时进餐，应问客人的结账是分单还是合单，以适应西方宾客的消费习惯。

③ 客人离座时，主动为客人拉椅，及时检查是否有遗留物品，同时致谢并欢迎客人下

次光临。

8. 清理台面

① 客人离开后,服务员用托盘分类收拾餐布、餐具,再用清洁的抹布擦净台面,同日复查有无客人的遗留物。

② 按摆台要求重新布置台面,准备迎接下批客人的到来。

餐饮服务与管理

项目二 宴会服务

项目描述

宴会是因习俗或社交礼仪需要而举行的宴饮聚会。是社交与饮食结合的一种形式。人们通过宴会,不仅获得饮食艺术的享受,而且可增进人际间的交往。

项目目标

本项目主要介绍了中西餐厅宴会服务的流程。通过各任务的学习,掌握餐厅中西餐宴会、鸡尾酒会服务的基本流程。

任务一 中餐宴会服务

【任务描述】

中餐宴会是按照中国的饮食习惯,使用中餐餐具,饮用中国饮料,食用中国菜肴,按照中式服务方法和礼节进行的具有中国传统民族形式的宴会。

中餐宴会服务的流程更加复杂,注重服务过程的细节和规范礼仪,通过学习中餐宴会服务的流程(餐前摆台、宴前检查、迎宾工作、餐前服务、斟酒服务、上菜服务、分菜服务、撤换餐具、席间服务、结账送客服务、结束工作),掌握中餐宴会服务的基本程序和服务技巧。

【任务目标】

通过本任务的任务实训,使学生能够综合、灵活地运用前面所学的各项基本技能完成中餐宴会全过程的综合服务。

【任务准备】

1. 知识准备

(1) 宴会预订

① 直接预订(面谈)。

在宴会规模较大、宴会出席者的身份较高或宴会标准较高的情况下,宴会举办单位或个人一般都要求当面洽谈,直接预订。

② 电话预订。

主要为客人检查地点和日期,假如要争取主动,则应约定会面时间当面交谈。小型宴会的预订、查询酒店宴会资料等有时也采用电话预订的方式。

③ 信函预订。

如果是提前较长时间预定的宴会,较适合用信函方式进行预订。

(2) 宴会准备工作

① 接到宴会通知书后,餐厅管理人员和服务员要搞清楚宴会的性质、类别,做到"八知"、"三了解":

序号	"八知"	序号	"三了解"
1	知台数	1	了解客人的风俗习惯
2	知人数	2	了解客人的生活忌讳
3	知宴会标准	3	了解客人的特殊需要
4	知开餐时间		
5	知菜式品种及出菜顺序		
6	知主办单位或房号		
7	知收费方法		
8	知邀请对象		

② 服务人员还应了解外宾的特殊情况:了解国籍、了解宗教、了解禁忌。

③ 服务人员应了解宴会菜单的下述内容:

● 菜点名称和出菜顺序。

● 菜点的原料构成和制作方法。

● 菜点所配调配料及服务方法。

● 菜点的口味特点和典故传说等。

2. 物品准备

餐具、用具、服务用品、酒水饮料、菜单等中餐宴会厅服务用品。

【服务流程】

序号	流程	图示
1	**餐前摆台** 摆台前要洗手,按照铺台布的要求铺好台布,放好转台;按摆餐具的顺序和要求依次将餐具摆放好,将叠好的餐巾花放在水杯里或盘内,主位的餐巾花造型要略高一些	

序号	流程	图示
2	**正式开宴前 20 分钟** 中餐宴会一般会摆三种酒杯,即烈性酒、葡萄酒和啤酒杯,把所用的酒水摆在工作台上	
3	**开宴前 15 分钟** 摆上冷盘,将冷菜主盘或大拼盘摆在席面中心,其他的冷盘摆在主盘四周。若是花拼,应将正面朝向主宾,同时冷菜的色调、荤素、口味要互相搭配,以便客人用餐	
4	**宴前检查** 各岗位服务员及宴会厅的各级管理人员进行全面的宴前检查:桌面餐具的检查、卫生检查,设备检查、安全检查、人员检查	
5	**迎宾工作** 迎接宾客,拉椅让座,递巾端茶	

模块六　综合实践

序号	流程	图示
6	**餐前服务** 铺餐巾,撤筷套,撤插花和桌号牌	
7	**斟酒服务** ① 先斟汽水,后斟啤酒,在斟倒时瓶口与杯子的距离应保持在1厘米左右,慢慢斟倒,避免泡沫溢出杯外。 ② 斟酒时要站在客人的右侧,切忌站在一个位置为左右两位客人斟酒。 ③ 宾主讲话时,服务员要站在服务桌旁静候,以示礼貌。 ④ 主人、主宾敬酒时,服务员要注意为无酒或少酒的客人斟酒	
8	**上菜服务** ① 当冷菜吃到适当的时候,开始上热菜、上菜的大致顺序是头菜、热菜、汤、甜菜、水果等。 ② 热菜须趁热上,从厨房取出的热菜应用银盖或不锈钢盖盖好,待菜上桌后再取下盖子。 ③ 大型宴会上菜速度要以主桌为准,全场统一。 ④ 新上的菜要放在主人和主宾面前,每上一道菜服务员都要主动介绍菜名和风味特点,或简要讲解菜肴的历史典故	
9	**分菜服务** 无论是分让菜,还是点心、汤都要均匀。分菜的要求是胆大、心细,掌握好分量、数量,尽量准确、均匀	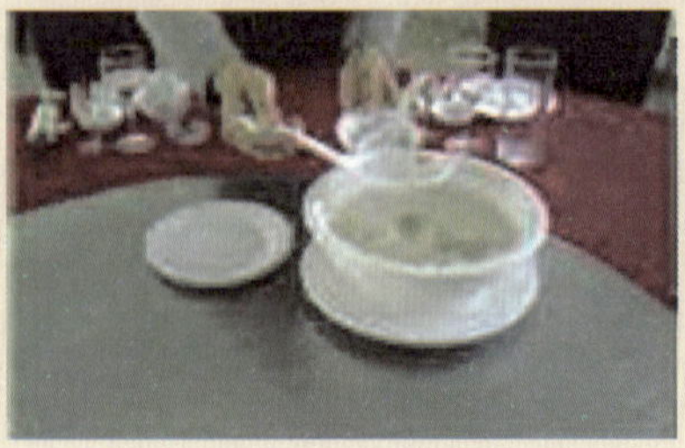

餐饮服务与管理

序号	流程	图示
10	**撤换餐具** 进餐过程中,要根据规则适时更换客人的餐盘,应在将餐盘送到客人面前以前将脏餐盘撤下,撤盘在客人的右边用右手完成,换餐盘时,若餐盘中还有未吃完的食物,应征求一下客人的意见,如客人表示还要,则可留着或并入新换上的餐盘中	
11	**席间服务** 宴会进行中,要勤巡视、勤斟酒、勤换烟灰缸,并细心观察客人的表情及需求,主动提供服务	
12	**结账送客服务** 上菜完毕后,做好结账准备工作,清点所有的酒水、香烟,未开盖的酒应退回吧台,让酒水员签名后开单,把所有的酒水单及菜单拿到收款处提前算好。客人示意结账后,按规定办理结账手续。当客人起身离座时,服务员应为客人拉开椅子,以方便客人行走,并提醒客人带齐个人用品(如:香烟、打火机、眼镜、名片等)	
13	**结束工作** 检查现场,收拾台面,清理现场	

【综合任务实训 1】

宴会预定

　　张先生与未婚妻在希尔顿酒店预定了一场 20 桌的婚宴宴会,希望在 Hilton Hotel 度过人生中重要的一天,留下美好的回忆。

　　根据客户的信息填写宴会预定单。

宴会预定单

日期		时间		宴会厅	
预定人		电话		电邮	
联系地址					
宴会类型		桌数		台号	
菜单项目		酒水标准			
收费标准		付款方式□现金□支票□信用卡□转账			
注意事项					
预定日期		经办人			
客户签字					

【综合任务实训 2】

宴会服务与零点服务的比较

① 说说宴会服务与零点服务的服务流程有哪些区别。

② 针对下列三个不同主题宴会设计合适的餐巾花型。

宴会主题	餐巾花型
生日	
婚庆	
公司年会	

【综合任务实训 3】

餐前准备

在教师的指导下进行中餐宴会的餐前服务准备。运用所学的餐巾折花、摆台等技能，进行中餐 10 人位宴会摆台的餐前准备。评价要素参见餐巾折花、中餐摆台的相关评价表。

【综合任务实训 4】

点菜服务

分组进行情景模拟和角色扮演：在中餐宴会厅内，服务员带客人入座以后，为客人铺设餐巾、上酒服务。

【综合任务实训 5】

席间服务

分组进行情景模拟和角色扮演：在教师的指导下，服务员为客人提供席间上菜、分菜服务、斟酒服务。评价要素参见中餐上菜、徒手斟酒、托盘斟酒的相关评价表。

【综合任务实训 6】

结账送客服务

分组进行情景模拟和角色扮演:在教师的指导下,服务员为客人提供结账服务、送客服务,再进行翻台、清理餐具。

知识链接

中餐宴会席间服务的服务要点

① 保持转盘整洁。

② 根据客人的要求为其斟倒喜欢的酒水饮料,八成满即可。若客人提出不饮白酒时,可将空杯撤走。席间服务人员要根据客人的情况随时添酒,一般客人杯中酒水只剩 1/3 时应及时添酒。主人、主宾离席讲话或敬酒时,主宾席的服务员要立即将红、白酒放在托盘中,站在主宾身后准备递酒。

③ 客人席间离座,应主动帮助拉椅、整理餐巾;待客人回座时应重新拉椅、递铺餐巾。

④ 客人席间站起祝酒时,服务员应立即上前将椅子向外稍拉,坐下时向里稍推,以方便客人站立和入座。

⑤ 上甜品水果前,送上相应餐具和小毛巾;撤去酒杯、茶杯和牙签以外的全部餐具,抹净转盘,服务甜点和水果。

⑥ 客人用完水果后,撤去水果盘并摆上鲜花,以示宴会结束。

任务二　西餐宴会服务

【任务描述】

西餐宴会是遵循西方国家的饮食习惯、宴会形式、服务方式和礼节举行的宴会。西餐宴会服务讲究礼节、服务程序化,通过学习西餐宴会服务的流程(餐前准备、餐前迎宾、斟酒服务、上菜服务、结账送客、收台清理),掌握西餐宴会服务的基本程序和服务规范。

【任务目标】

通过本任务的任务实训,使学生能够综合、灵活地运用前面所学的各项基本技能完成西餐宴会的综合服务。

【任务准备】

1. 知识准备

西餐宴会是遵循西方国家的饮食习惯、宴会形式、服务方式和礼节举行的宴会。主要特点是:使用长方桌;每道菜都更换刀叉、餐碟;不同的菜搭配不同的酒;西餐常有音乐伴餐;灯光柔和或昏暗，或者点上蜡烛；气氛轻松而舒适；讲究礼节；服务程序化。

宴会所需服务人员的数量取决于服务方式以及参加宴会的宾客人数。如果采用美式服务，一般一名服务员为 20 位客人服务；采用法式或俄式服务，两名服务员可以为 30 位客人服务。

① 宴会准备工作：接到宴会通知书后，餐厅管理人员和服务员要搞清宴会的性质、类别，做到"八知"、"三了解"：

序号	"八知"	序号	"三了解"
1	知台数	1	了解客人的风俗习惯
2	知人数	2	了解客人的生活忌讳
3	知宴会标准	3	了解客人的特殊需要
4	知开餐时间		
5	知菜式品种及出菜顺序		
6	知主办单位或房号		
7	知收费方法		
8	知邀请对象		

② 服务人员还应了解外宾的特殊情况：了解国籍、了解宗教、了解禁忌。

③ 服务人员应了解宴会菜单的下述内容：

- 菜点名称和出菜顺序。
- 菜点的原料构成和制作方法。
- 菜点所配调配料及服务方法。
- 菜点的口味特点和典故传说等。

2. 物品准备

餐具、用具、服务用品、酒水饮料、菜单等西餐宴会厅服务用品。

【服务流程】

序号	流程	图示
1	**餐前摆台** 摆台前要洗手，按西餐宴会摆台的要求摆好餐台，准备餐酒用具	

餐饮服务与管理

序号	流程	图示
2	**正式宴会开始前 10 分钟** 把开胃菜摆放在餐桌上,一般是每人一盘。在摆开胃品时应考虑其荤素、颜色、口味的搭配,盘与盘之间要留出相等的距离	
3	**正式开宴前 5 分钟** 把客人要用的黄油、面包摆放在面包盘、黄油盘中,全部宾客的面包数量应是一致的。为客人的杯中斟好冰冻的水或矿泉水。准备好各种酒水饮料,该冷冻的放入冰箱。保证各种饮料符合饮用要求	
4	**宴前检查** 对宴会前各项准备工作进行一次全面检查,然后服务人员应再次整理自己的着装,重要的宴会服务人员应戴白手套。做到制服整齐,仪容大方	
5	**迎宾工作** 迎接宾客,拉椅让座,递巾端茶	

模块六　综合实践

序号	流程	图示
6	**斟酒服务** 安排客人就座后,用托盘托送宴会酒水,先示意宾客选择。按先女后男顺序斟酒,最后主人的顺序斟上佐餐酒。西餐应注意斟酒时,烈性酒最多斟酒杯的 3/4,葡萄酒最多斟 2/3,白兰地斟 4/5	
7	**上菜服务** 西餐的上菜方法为"左上右撤",也就是说,从客人的左边上菜,从右边撤下用完的菜盘。 ① 撤下开胃菜。当宾客准备吃开胃菜时,服务员应配倒相应的酒;当宾客基本用完开胃菜时就可撤盘,从主宾的位置开始撤,在宾客的右手方向用左手托盘,右手连同刀叉一并撤放到托盘中,端托到后台或服务桌上。 ② 上汤。汤分清汤、浓汤。上汤时应加垫盘,从客人左侧送上。喝汤时一般不喝酒,但如安排了酒类,则应先斟酒,再上汤。当客人用完汤后,即可从客人右侧连同汤匙一起撤下汤盆。 ③ 上鱼类。应先斟好白葡萄酒,再为客人从左侧上鱼类菜肴。斟酒方法与中餐正餐服务相同。当客人吃完鱼类菜肴后即可从客人右侧撤下鱼盘及鱼刀、鱼叉。 ④ 上主菜。 主菜上桌前,要先为宾客斟倒红葡萄酒。主菜上桌时要紧跟沙司,并视情况为客人补充面包和黄油。上主菜的服务程序如下: ● 从客人右侧撤下装饰盘,摆上餐盘。	  

餐饮服务与管理

序号	流程	图示
	● 值台员托着菜盘从左侧为客人分派主菜和蔬菜，菜肴的主要部分应靠近客人。 ● 另一名值台员随后从客人左侧为客人分派沙司。 ● 如配有色拉，也应从左侧为客人依次送上。 ● 上甜点。热甜点一般用甜点匙和中叉；烩水果用茶匙；冰激凌应将专用的冰激凌匙放在垫盘内同时端上去。 ⑥ 上干酪。干酪一般由服务员分派，先用一只银盘垫上餐巾，摆上几种干酪，一副刀叉，另一盘摆上烤面包片或苏打饼干，送到宾客左边选用。 ⑦ 上水果。上水果前应撤去桌面除酒杯外的所有餐具，摆好餐盘和水果刀、叉，端着水果盘从客人左侧分派水果。 ⑧ 上咖啡。将咖啡倒好，垫上垫碟，放好咖啡匙，用托盘托送，另一名服务员跟着送上糖、奶。上完咖啡后，再送上各种餐后酒品（如：白兰地、蜜酒）、巧克力糖、雪茄烟	 
8	**结账送客服务** 同中餐宴会服务	
9	**结束工作** 检查现场；收拾台面；清理现场	

【综合任务实训1】

餐前准备

在教师的指导下进行西餐宴会的餐前服务准备。运用所学的餐巾折花、摆台等技能，进行西餐10人位宴会摆台的餐前准备。评价要素参见餐巾折花、西餐摆台的相关评价表。

【综合任务实训2】

餐前会议

分组进行情景模拟和角色扮演：重要的宴会在准备工作之后要对宴会前各项准备工作进

行一次全面检查,并对服务人员的着装礼仪进行检查,高规格的宴会服务人员应戴白手套,做到制服整齐,仪容大方。请同学分组模拟召开餐前会,由领班负责检查仪容仪表,并提出宴会接待工作要求。

【综合任务实训 3】

餐前酒服务

分组进行情景模拟和角色扮演:在西餐宴会厅内,服务员列队迎宾,一名服务员带客人入座以后,为客人提供餐前开胃酒服务。

【综合任务实训 4】

席间上菜服务

分组进行情景模拟和角色扮演:下面是一份西餐宴会的菜单,请同学在教师的指导下,为客人提供席间上菜、分菜、撤盘、斟酒等席间服务。评价要素参见西餐上菜、托盘斟酒的相关评价表。

西餐宴会菜单

上菜程序	英文菜名	中文菜名
汤 Soup	Soft crab in coco and peanuts spicy soup	椰香花生辣味蟹肉汤
开胃菜 Appetizer	Seared duck liver Rougie apple crumble balsamic caramel	法式香煎鹅肝配苹果碎、焦糖油醋汁
主菜 Main Course	Rolled marinated beef tender loin soicy herbs spaghetti	腌牛里脊卷配辣味意面
主菜 Main Course	Pan Fry cod fish creamy polenta with bacon wasabi sauce and greens	煎银雪鱼配香滑玉米粥、培根、芥末汁
甜品 Dessert	Dark chocolate marble, vanilla ice-cream	黑巧克力大理石蛋糕配香草冰淇淋
甜品 Dessert	Apple tatting caramel and fresh cream	鲜忌廉焦糖苹果塔
甜品 Dessert	Mango pudding and sago in coconut with shredded pomeios	杨枝甘露布丁
甜品 Dessert	New York Cheese cake with blue berry	纽约蓝莓芝士蛋糕
甜品 Dessert	Marinated Salmon with Beet Root and Vodka Service with Garden Lettuce	伏特加红菜腌三文鱼配田园生菜
甜品 Dessert	Steamed Norwegian salmon and Crab Roe Butter	挪威三文鱼配蟹籽黄油汁

结账送客服务

分组进行情景模拟和角色扮演：在教师的指导下，服务员为客人提供结账服务、送客服务。

【任务拓展】

结合社会专业考察实践活动，请同学们到一家高星级酒店的西餐厅进行实地探访，学习不同的西餐菜单所提供的不同西餐席间服务的程序和方法，以小组形式撰写调查报告并做西餐服务的展示。

知识链接

西餐的餐具使用礼仪

1. 西餐中刀叉使用的方法

● 进餐时，餐盘在中间，那么刀子和勺子放置在盘子的右边，叉子放在左边。一般右手写字的人，吃西餐时，很自然地用右手拿刀或勺，左手拿叉，杯子也用右手来端。

● 在桌子上摆放刀叉，一般最多不能超过三副。三道菜以上的套餐，必须在摆放的刀叉用完后，在上菜时服务员会再放置新的刀叉。

● 刀叉是从外侧向里侧按顺序使用（也就是说事先由服务员按使用顺序由外向里依次摆放）。

● 进餐时，一般都是左右手互相配合，即一刀一叉成双成对使用。也有些例外，如：喝汤时，则只需把勺子放在右边——用右手持勺。食用生牡蛎一般也是用右手拿牡蛎叉食用。

● 刀叉有不同规格，按照用途不同，其尺寸的大小也有区别。吃肉时，不管是否要用刀切，都要使用大号的刀。吃沙拉、甜食或一些开胃小菜时，要用中号刀。叉或勺一般随刀的大小而变。喝汤时，要用大号勺，而喝咖啡和吃冰激凌时，则用小号为宜。

● 忌讳用自己的餐具为他人布菜。

● 不能用叉子扎着食物进口，而应把食物铲起入口。当然现在这个规则已经变得不是那么的严格。英国人左手拿叉，叉尖朝下，把肉扎起来，送入口中，如果是烧烂的蔬菜，就用餐刀把菜拨到餐叉上，送入口中；美国人用同样的方法切肉，然后右手放下餐刀，换用餐叉，叉尖朝上，插到肉的下面，不用餐刀，把肉铲起来，送入口中，吃烧烂的蔬菜也是这样铲起来吃。

● 如食用某道菜不需要用刀，也可用右手握叉，例如，意大利人在吃面条时，只使用一把叉，不需要其他餐具，那么用右手来握叉更简易方便。没有大块的肉要切的话，例如，素食盘，全是不用切的蔬菜和副食，那么，按理也可用右手握叉来进餐。

● 为了安全起见，手里拿着刀叉时切勿指手画脚。发言或交谈时，应将刀叉放在盘上才合乎礼仪。这也是对旁边的人的一种尊重。

● 叉子和勺子可入口，但刀子不能放入口中，不管它上面是否有食物。除了礼节上的要求，刀子入口也是危险的。

2. 西餐中刀叉摆放的含义

● 我尚未用完：盘子没空，如你还想继续用餐，把刀叉分开放，大约呈三角形，那么服务员就不会把你的盘子收走。

- 我已经用完餐：可以将刀叉平行放在餐盘的同一侧。这时，即便你盘里还有东西，服务员也会明白你已经用完餐了，会在适当时候把盘子收走。
- 请再给我添加饭菜：盘子已空，但你还想用餐，把刀叉分开放，大约呈八字形，那么服务员会再给你添加饭菜。

任务三　鸡尾酒会服务

【任务描述】

鸡尾酒会作为一种流行时尚元素，以其简约的风格和优雅的氛围风靡国际各大中城市。不同于普通宴会的复杂和拘束，客人可以在酒会宽松的环境中品味到高质量的美酒，欣赏优雅的调酒服务，就餐形式活泼，客人的选择性强，不拘礼节。婚礼、招待、庆祝庆典、产品推介、签字仪式、祝寿、展览会揭幕、私家好友聚会等，都可以加入调酒元素，活跃气氛的同时更能提高活动的档次。

通过学习任务的展开，掌握鸡尾酒会服务的基本流程。

【任务目标】

通过本任务的任务实训，使学生能够综合、灵活运用前面所学的各项基本技能完成鸡尾酒会的综合服务。

【任务准备】

1. 知识准备

酒会也称鸡尾酒会(Cocktail Party)，形式灵活，酒会以酒水为主，有鸡尾酒和各种混合饮料及果汁、汽水、矿泉水等，一般不用或少用烈酒，略备小食，多为三明治、小面包、小串烧、炸薯条、小西点等各种小吃，以牙签取食。酒会举行的时间灵活，中午、下午、晚上均可，也可于正式宴会前举行，请柬会注明整个活动延续的时间，宾客可在其任何时候到达，不受拘束。饮料和食品由服务员用托盘端送，也有一部分放置在小桌上。

2. 物品准备

鸡尾酒会的布置要按主办目的和要求设计布置鸡尾酒会现场，以盆景花草装饰酒会。

所有菜肴都在厨房准备好上盘,由服务人员端出并从客人右手边上菜服务。面包、奶油及菜肴的配料应由客人左手边服务,所有用过的盘子从客人的右边撤走。

【操作流程】

1. 酒会现场布置

序号	操作流程	图示
1	**吧台设计** ① 吧台数量,鸡尾酒会一般是每50位客人设置一个吧台; ② 酒水数量,鸡尾酒会一般按每人每小时 3.5 杯左右的标准准备酒水数量(每杯 220～280 ml 左右)	
2	**摆放餐桌** ① 注意小型餐桌之间的距离要适宜,方便客人和服务人员行走。 ② 餐桌上铺好台布。准备好餐巾纸、杯具、烟缸、牙签盅、鲜花、花瓶等,所有餐桌的摆设要一致。 ③ 在宴会厅四周摆放少量座椅,以方便需要者使用	
3	**摆放小食** 酒会开始前在餐桌上摆放各种干果和小食,按酒会的主题摆放致词台、签到台	

2. 酒会中的服务

(1) 酒品饮料服务

① 各种酒瓶饮料有服务员托让，鸡尾酒则由宾客在酒吧台直接让调酒师现场调制。由于宾客是站立用餐，流动性大，因此服务员在让酒时的姿势必须规范，用一只手托盘，另一只手随时准备向前伸张，护住托盘。让酒水时，必须精神集中，注意前后左右，主动将酒品饮料送给宾客，行走时如宾客多、拥挤，确定不能通过时，要礼貌地对客人说"对不起，请让一让"，待宾客让开时才能通行，决不能用手拉宾客而强行通过。

② 当宾主祝酒时，托让酒水一定要及时，如有香槟酒，要保证祝酒时人手一杯。

③ 托让酒水要注意配合，服务员尽量均匀分散在酒会的不同区域，避免造成场内无人服务。

④ 有专人负责回收空酒杯，以保持桌面清洁。托让酒水的服务员要避免边让酒水边收空瓶，这样不符合卫生标准。

(2) 小吃服务

① 托让小吃的服务员最好跟在酒水服务员的后面，以便宾客取食下酒。

② 注意多让距小桌较远的宾客，特别是坐在厅堂两侧的女宾和年老体弱者。

③ 酒会将尽仍有宾客未完全离开时，应留有专人继续服务。

(3) 酒会的结束工作

① 酒会结束时，服务人员应热情礼貌地欢送宾客，并欢迎宾客再次光临。

② 清洗餐用具，清扫场地。

【任务实训】

小组活动1：

通过课堂学习，说说鸡尾酒会服务过程中，容易出问题的环节有哪些。

小组活动2：

复习项目二中的托盘和斟酒的动作要领，想想鸡尾酒会中这两个基本技能的操作难点在哪里。在小组中相互练习，加强规范操作。

【任务拓展】

认识酒单

通过查找资料，试着认识下列常见的英文酒单

wine	price	liquor	price	drinks	price
Chateau Lafite	800.00	brandy	38.00	beer	18.00
Chateau Haut	680.00	run	28.00	emonade	15.00
Petrus	680.00	whiskey	35.00	Long lsland Ice Tea	32.00
Dynasty	380.00	tequila	28.00	Juice	25.00
Great Wall	300.00	gin	22.00	Grape fruit	28.00
Changyti	280.00	vodka	28.00	lrish Coffee	28.00

任务四　自助餐服务

【任务描述】

自助餐服务是一种由客人自行挑选,拿取或自烹自食的就餐形式。自助餐服务就餐形式活泼、客人的选择性强、就餐环境不拘礼节,颇受客人欢迎。

【任务目标】

通过本任务的任务实训,使学生能够综合、灵活运用前面所学的各项基本技能完成自助餐的综合服务。

【任务准备】

1. 知识准备

自助餐,有时亦称冷餐会,它是目前国际上所通行的一种非正式的西式宴会,在大型的商务活动中尤为多见。它的具体做法是,不预备正餐,而由就餐者有用餐时自行选择食物、饮料,然后或立或坐,自由地与他人在一起或是独自一人地用餐的就餐方式。自助餐的形式根据菜点性质分为中式自助餐、西式自助餐和中西合并自助餐;根据座位的设置情况可分为设座自助餐和不设座(立式)自助餐。

自助餐的特点主要有菜点丰富,陈列精彩,价格适中;无需等候,随到随吃,时间自由;服务简单,批量生产,成本降低。

2. 物品准备

餐具、用具、酒水饮料等,自助餐的场地布置要按主办目的和要求设计布置现场,以盆景花草装饰现场。

(1) 餐台设计

餐台是整个自助餐服务的中心,在餐厅中间或一边设置一个大餐台,它一般是用几张方桌拼成,上面铺有与桌边平行的台布,下设桌裙。餐台上摆入各种冷菜、热菜、点心、水果及餐具。餐台设计要求美观醒目、方便客人、突出餐厅主题。常见台型有:

- I 型台:即长台,是最基本的台型,常靠墙放。
- L 型台:由两上长台拼成,一般放在餐厅一角。
- O 型台:即圆台,通常摆在餐厅中间。

- 其他台型：螺旋形、椭圆形、1/4 圆形、半圆形和梯形等。

方形自助餐台

圆形自助餐台

L形自助餐台

多边形自助餐台

（2）自助餐台面布置

自助餐厅摆设餐桌的方法与零点餐厅相似，但餐椅的安排不能过密，因为就餐的客人取食品需要经常在餐厅内走动。台面的布置方法比零点台面简单，一般是铺上台布，放上调味品、烟灰缸和鲜花即可。

- 客人取菜用的餐盘摆放在取菜流向的开始外，即自助餐台最前端，一般 20 个一叠，码放整齐，不要堆得太高；冷菜用冷盘，取热菜的盘子应加热保温。
- 以色拉、开胃菜、汤、热菜、烤肉、甜点和水果等客人取用习惯为顺序摆放食品，冷菜、热菜和甜点可以分开设台或集中摆放。其中特色菜肴和成本较高的食品还可以单独陈列，为客人现场熟制、切割或分派等，体现特别服务。
- 热菜必须用保温锅保温，始终保持热菜的恒温。
- 饮料区应备好果汁、咖啡、茶等，并注意供应温度，该冰的应冰，该热的要热，并备好杯具整齐地排列在餐台上。
- 取食菜点的服务叉匙或点心夹应统一放在菜点盘中或放在菜点旁边的餐碟中。菜肴前应摆放中、英文菜牌。
- 各种菜肴跟配的沙司、调味品等要放在一起，以方便客人取用。
- 成本低的菜肴靠前放，客人先取食便宜的菜肴会减少昂贵菜肴的消耗量。
- 台面中央部分用冰雕、黄油雕、果蔬雕刻、鲜花、水果或餐巾花等装饰点缀。
- 自助早餐的煎煮区应备足原料，餐碟等应整齐地放在餐台上备用，同时备好所需的调料。

热菜

冷菜

水果

酒水饮料

餐具

餐巾

【操作流程】

在自助餐厅,除服务员根据顾客要求服务汤、肉及蔬菜外,顾客还可以自己选取食品,为自己服务。自助餐厅服务员必须在整个过程中安排好各类食品,不能减慢服务线的工作。

1. 迎接客人

领位员站在门口迎接客人,服务员站在桌旁面向门口位置。客人进入后主动与客人打招呼,并向客人问好,为客人搬开座椅,客人坐下后从右侧为客人铺口布。

2. 提供食品服务

① 食品的分装。自动餐厅柜台的服务员,应按客人要求的分量来提供食品。服务员必须熟悉每种食品需用盘碟的型号;食品装盘时不要让食品超出盘的边缘,不要影响菜品装盘的装饰。

② 主菜服务。主菜是在蒸汽工作台上服务的。服务前要了解客人有何要求,如:调味品、食物分量等要求。

③ 饮料服务。饮料由客人自己服务或由服务员服务。客人自己服务时,冰块和饮料都必

须放置在适当的位置。由服务员服务时,询问客人需用什么饮料,然后从右侧倒入杯里。

3. 席间服务

① 随时将客人用过的空餐具撤下;

② 随时为客人添加饮料,更换烟缸;

③ 随时添加撤换各种餐具和食品,当客人吃甜食时,将主刀、主叉、汤勺、面包刀、面包盘等餐具撤下来,保持餐台的整洁。

4. 咖啡和茶

① 先将糖盅、奶罐准备好,摆在桌上。

② 客人吃完主菜时,服务咖啡或茶。

③ 询问客人用咖啡还是用茶,然后为客人斟倒新鲜的热咖啡或茶。

5. 食品添加服务

每一个自助餐厅服务员都固定地服务某些食品,有些自助餐厅有专门服务员供应自助餐台上食品,他们需和厨师保持联系,以保证自助餐台上的菜品供应充足和及时。服务员添加食品时要注意:

① 在服务间隙添加食品;

② 新鲜食品不要和剩余食品混在一起。

6. 结账服务

收款员记录顾客所要的菜,在账单上列出各项食品金额及总共款项。根据餐厅要求结账时间可在餐前或餐后。

7. 送客

用餐结束时,要为客人拉开座椅,然后站在桌旁礼貌地和客人告别。

【任务拓展】

① 自助餐品种繁多,请罗列自助餐所需要的餐具。

② 自制一份简单的双语果蔬类自助菜品列表。

水果 Fruit			
1. 香蕉	5. pineapple	9. 芒果	13. strawberry
2. 橙子	6. cherry	10. 葡萄	14. peach
3. 苹果	7. pitaya	11. 西瓜	15. kiwi fruit
4. 梨	8. papaya	12. 柠檬	16. plum
蔬菜 Vegetable			
1. 南瓜	5. lettuce	9. 洋葱	13. agarics
2. 豌豆	6. celery	10. 黄瓜	14. caraway
3. 土豆	7. carrot	11. 蘑菇	15. olive
4. 西红柿	8. spinach	12. 茄子	16. leek

① 通过课堂所学,请说出自助餐厅的服务员与普通餐厅服务员相比,其服务重点在于哪些方面。

② 自助餐及时补充食物是一项重要工作,如何在忙碌的工作兼顾,避免空盘?

知识链接

自助餐厅的细致服务

① 主动帮助年老或伤残的客人和带小孩的客人入座。

② 根据客人要求拿取一些调味品,如:蕃茄酱、芥末、汤汁等。

③ 提供客人单点的食品的服务,如:鸡蛋、牛排和煎饼等。

④ 供应追加的菜点并保证账单的准确性。

⑤ 供应餐巾和其他所需要食品。

⑥ 及时为客人添加水、冰块和咖啡等。

⑦ 及时清理餐桌,保证顾客有一个优雅的用餐环境。

模块六　综合实践